슴베

양영아 수필집

신아출판사

■ 책 머리에

행복을 찾아서

여류작가 박완서 씨의 글을 읽다 보면 난 항상 잔잔한 감동에 젖곤 했습니다. 마치 이웃집 아줌마의 이야기를 듣는 것 같은 착각에 사로잡혀 읽는 내내 작가의 품에 푹 파묻혔습니다. '나도 그렇게 쓰면 되겠구나. 수필이 별것일까. 이렇게 보고 느낀 점을 물 흐르듯 쓰면 되겠지.' 라고 생각했습니다.

내 인생의 이모작을 수필과 함께 꿈꾸어 볼 생각을 하니 가슴까지 설렜습니다. 그녀의 수필집을 다시 한 번 읽어 보았습니다. 그런데 그렇게도 쉬워 보이던 그녀의 글이 왜 그리 어려운지, 그냥 흐르는 물이 아니었습니다. 그건 흐르는 물의 겉면만을 보고 생각했던 나의 어리석은 소치였습니다.

그녀의 시냇물은 그냥 파란색이 아니었습니다. 옥색도 있었고, 하늘색도 있었고, 온갖 아름다운 색깔이 다 모여 있었습니다. 물속에는 데굴데굴 굴러가는 조약돌을 어루만져주는 사랑도 있었고, 제 몸을 고기들의 먹이로 기꺼이 내어 주면서도 아름답게 나풀대는 수초들의 군무도 있었습니다. 그냥 흐르는 물은 분명히 아니었습니다. 깊은 산속 노루들의 목을 축여주는 옹달샘이 되었는가 하면, 졸졸졸 흐르는 시냇물도 되어 피로한 사람들을 위로해 주기도 했습니다. 또 넓은 강과 바다가 되어 용서와 화해를 가르쳐 주기도 했습니다.

지나는 글줄도 그냥 글이 아니었습니다. 내 글이 밋밋한 무명실이라면 그녀의 글은 비단실이었습니다. 그녀가 어딜 함부로 덤비느냐고 호통을 치는 것만 같았습니다.

"옷부터 벗어라. 벗은 옷으로 실을 만들어라. 그 실로 글줄부터 엮어라. 다 엮었으면 목도리를 만들어 추운 사람 목에 감아줘라. 따뜻한 옷을 만들어 불쌍한 사람에게 입혀라. 여러 사람이 편히 쉴 수 있는 매트도 짜라."

하고 야단을 치는 것 같았습니다. 그러나 나도 언젠가 흉내라도 내지 않겠느냐고 우기고 싶었습니다. 더욱더 많이 읽고 많이 쓰다 보면 나도 흐르는 물속에서 어여쁜 조약돌도 만날 것이고, 수초 속에서 유영하는 쉬리들도 만날 수 있을 것 같았습니다. 그러나 두려웠습니다. 내 껍데기를 모두 벗어버린 알몸이 되어 버릴 것 같아 계속해야 하나 망설여지기도 했습니다.

어느덧 4년이란 세월이 흘렀습니다. 어미닭이 병아리를 불러 모으듯 나의 분신인 내 글들을 모아 한 권의 책으로 엮어보려 하는데 질투의 여신이 시샘을 했나 봅니다. 그동안 곁에서 말없이 응원해주던 남편이 갑자기 폐암으로 힘든 항암주사와 방사선 치료를 받게 되었습니다. 온 가족은 절망에 빠졌습니다. 초기에 발견된 것이 오히려 다행이라고 서로 위로했지만 환자를 지켜보는 가족들은 그의 고통을 덜어주지 못해 애가 탔습니다. 아내인 나는 책을 엮어야 하는데 시간도, 마음도 여유가 없었습니다. 사람들이, 남편이 아픈데 책은 무슨 책이냐고 손가락질하는 것 같아 맘이 편하지 못했습니다.

책 표지와 간지로 쓸 그림이 마땅하지 않아 잠을 못 이루며 애가 탔는데, 남편 선배 되시는 우관宇觀 김종범金鍾凡 선생님께서 당신의 그림을 흔쾌히 주셨습니다. 그분은 대한민국미술대전 심사위원으로(1987~1993년까지) 미술활동에 많은 공헌을 하신 분입니다. 우리나라 최초로 갑골문을 회화적 감각으로 표현한 서예가로 우리나라의 미술사에 한 획을 그었다 해도 과언이 아닐 것입니다. 선생님께서는 독립기념관 개관 당시 한국 대표 서예가 중 한 분으로 발탁되어 높이 3m의 자연석에 독립운동가 윤봉길 의사의 글씨를 그대로 써서 커다란 비석으로 남겨 놓기도 했습니다.

고귀한 작품으로 제 글을 감싸 한 권의 책으로 엮어지는 영광을 주신 우관 김종범 선생님께 머리 숙여 감사드립니다.

힘든 상황에서도 이 책이 태어날 수 있도록 응원해 준 남편과 가족 모두에게도 사랑을 전합니다. 항상 변함없이 지도해 주신 김학 교수님께 진심으로 감사의 말씀 올립니다. 나의 글이 한데 모여 책이 되도록 도와주신 신아출판사 서정환 사장님과 박갑순 과장을 비롯한 모든 분께 고마움을 전합니다.

어제와 다른 찬란한 해님이 동쪽 하늘에 솟아오릅니다. 이제 편안한 마음으로 행복을 느끼렵니다.

2014년 초겨울 아침에

지은이 양영아

차례

2부

꽈리와 어머니

3부

놀이 도둑

4부
아버지의 그 슬픈 노래

5부

프라하의 낙서판

1부

슴베

春信回 (宇觀 金鍾凡)

광목

하얀 블라우스의 가슴에 검붉은 핏빛이 한 점 비쳤다. 그것은 짙푸른 보랏빛으로 변하더니 점점 더 넓게 번지기 시작했다. 그러나 아이는 알지 못한 채 오디를 정신없이 따먹었다. 손과 입이 파래지는 줄도 모르고 한참 따먹더니 호주머니에 넣기 시작했다. 옷이 버려졌다는 걸 알아차렸을 땐 이미 손바닥만큼 오디 빛깔이 새 옷을 물들인 뒤였다. 파래진 입술만큼이나 걱정의 빛깔이 짙어졌다. 어머니가 어젯밤에 만들어 준 새 옷이었기 때문이다. 호주머니도 넉넉히 크게 만들어 주셨는데…….

초등학교 가는 신작로는 광목을 깔아 놓은 듯 하얗고 햇빛에 눈이 부셨다. 일곱 살짜리 내 작은 발로 햇살 속을 휘청거리며 한 시간 이상 학교까지 걸어갔다. 가마솥의 수증기처럼 신작로에 아지랑이가 피어오르면 까마득히 먼 길을 허우적거리며 햇살에 녹을 듯이 걸었다. 그 햇살은 한동안 꿈속에서까지 나를 쫓아와 괴롭혔다. 작은 점을 통해 사방으로 쏟아져나온 햇살이 나를 꼼짝 못하도록 감싸버리는 것이었다. 귀가 먹먹해지면 잠에서 깨곤 했는데 그 꿈은 소녀 시절까지 간간이 나를 괴롭혔다.

쨍하고 소리라도 날 듯한 햇살이 광목 같은 신작로를 더 팽팽히 잡아당기는 한낮에 학교 수업이 끝났다. 귀갓길은 배고픔에 지쳐 더 터벅거렸다. 학교 길옆에는 우리의 쉼터 같은 작은 동산이 있었다. 책보를 허리춤에 매단 채 동산에 올라가는 아이들을 따라 나도 책가방을 질질 끌며 쫓아갔다. 6 · 25전쟁 직후 양식이 부족했던 때였다. '삐비'라는 풀도 뽑아 먹고 매콤한 '매운개' 풀도 뜯어 먹었다. 찔레꽃의 향기에 끌려 너나없이 찔레 순을 꺾어 먹기도 했다. 그러나 설탕처럼 달콤한 뽕나무 열매 오디는 어떤 풀잎이나 열매가 대신할 수 없는 최고의 간식거리였다.

밤새 만들어 입혀준 옷을 망쳐버렸건만 어머니는 아무 말씀도 하지 않으셨다.

어머니는 항상 부지런하셨다. 시집올 때 가져온 '*싱거미싱(재봉틀)'은 어머니의 바느질 솜씨를 날로 발전시켰다. 고된 줄도 모르고 재봉틀을 밤낮으로 돌리던 모습은 끝없는 자식 사랑이었다. 어머니가 만들어 주신 주머니 모양의 책가방은 허리춤에 묶고 다니던 아이들의 책보와는 비교가 되지 않았다. 소풍날 입고 간 어머니 표 청색 주름치마는 모든 아이의 부러움을 살 만큼 예뻤다.

초등학교 5학년이 되면서 도시로 이사 왔다. 시골내기 나의 눈엔 길도 넓고 시내를 휘돌아 흐르는 남천이 그렇게 아름다울 수가 없었다. 양쪽 마을을 이어주는 남천교는 무지개다리만큼이나 황홀했다. 다리 밑엔 빨래하는 아낙들로 늘 붐볐다. 빨래한다는 핑계로 모여들어 설움을 나누고 세파에 시달리는 시름을 헹궈서 물에 실려 보내곤 했을 것이다. 빨래를 삶아주는 아저씨들은 힘에 부치는 아낙들의 수고를 덜어주기도 했다. 커다란 가마솥단지가 아지랑이 같은 하얀 김을 한참 토해내고 나면, 천변 둑 위엔 시골 초등학교 등굣길을 닮은 광목들이 하얀 길을 만들어가며 누웠다. 천변 둑을 도배하듯 널려 있던 하얀 광목들은 고장의 장관壯觀이기도 했다.

아낙들의 한숨이 흘러가는 *나릿물, 무더운 여름밤엔 아낙들과 어린 여자아이들을 위한 노천 목욕탕이 되었다. 어느 날 밤에 어머니도 어린 딸들을 데리고 남천으로 갔다. 빨래를 모두 하고 막 미역을 감으려는 순간이었다. 짓궂은 사내들이 남천교 위에서 쏘아대는 플래시 불빛은 길이 되어 뻗어 내렸다. 그 길을 따라 사내들의 눈빛이 따라온 양 어머니는 기겁하셨다. 여기저기서 들리는 여자들의 비명을 뒤로하고 우린 그만 집으로 돌아오고 말았다.

'차라리 물속에 들어가 버릴걸.' 씻지도 못하고 돌아오는 내내 끈적거리는 몸의 불쾌함과 짓궂게 놀려대던 휘파람소리가 귀에 쟁쟁하여 플래시의 불빛만큼이나 어지러웠다. 그 시대 남정네들이 즐기는 일종의 낭만이라고도 볼 수 있었던 그 장난마저도 어머니에게는 용납될 수 없는 일이었다.

조상의 허깨비 같은 몸을 감싸주며 매서운 추위를 막아주던 얇은 광목. 염색기술의 부족마저도 백의민족이라는 자존심으로 변명하려 했던 하얀 광목. 생의 끝자락 돌아가는 길목에도 이승을 떠나는 마지막 단장을 하는 순수의 광목. 어머니의 삶은 끝없이 이어붙인 광목을 닮은 삶이었다.

일평생 9남매를 낳아 기르면서 다람쥐 쳇바퀴 돌듯 지루하고 힘든 살림살이를 꾸려 왔다. 이불 홑청은 주로 광목으로 만들었는데 누런 광목을 삶아 풀을 먹여 빨랫줄에 널었다. 철모르는 나와 동생들이 사이사이로 뛰어다니며 술래잡기를 하면 어머니께선 행여 더럽혀질까 봐 애가 타셨다. 너무 바싹 마른 빨래는 입으로 푸푸 물을 뿜어 촉촉하게 만든 뒤 곱게 접어 보자기에 싸서 발로 밟았다. 적당히 펴진 광목은 두 사람이 광목 폭을 잡아당겨 비뚤어짐을 막는 작업을 해야만 했다. 팽팽하게 버팀질을 하다가 한쪽 사람이 손을 놓치면 맞은편 사람은 뒤로 벌러덩 넘어져 한바탕 웃음을 터뜨리곤 했다. 뭐니뭐니해도 광목 푸새의 절정은 다듬이질이 아닐까? 다듬잇돌 위에 잘 접은 광목을 놓고 두 사람이 방망이로 두들기면 어떤 악기보다 감칠맛 나고 아름다운 곡이 연주되었다. 그것은 바로 어머니의 자식을 위한 영혼의 노래가 아니었을는지…….

다림질 또한 매일의 과제였다. 어린 나의 손에 빨래를 잡히고 숯불 다리미로 다림질하였다. 이글이글 빨갛게 닳아 오른 숯불이 눈앞에 가까워져 오면 뜨겁고 무서워 빨래를 놓쳐버렸다. 다리미의 숯은 몽땅 빨래 위로 떨어지고 행여 탈세라 숯불을 털어내는 소동이 한바탕 벌어졌다. 어머니의 얼굴은 벌겋게 달은 숯불만큼 빨개지고 나는 혼날까 봐 더욱더 빨간 얼굴이 되었다.

고생을 덕지덕지 달고 살던 이 땅의 모든 부모는 행여 자식들에게 고생 비늘 조각이라도 내려앉을까 봐 털고 닦으며 온몸으로 막아내었다. 긴 광목 같은 벨트를 허리에 두르고 힘차게 돌아가는 거대한 산업기계들은 이 땅에 비단길을 깔아 놓았다.

광목도 세월 따라 그 모습과 진가가 달라졌다. 오직 흰색뿐이었던 광목이 지금은 패션계에서 친환경적 제품이라는 이름으로 화려하게 변신하고 있다. 황토로 물들인 주황색 광목과 땡감으로 물들인 제주도 갈옷, 흙으로 물들인 회색빛 광목 등, 옷의 색상도 다양해졌으며 디자인도 아름다워 아기의 아토피 방지 이불과 옷감으로 사랑을 듬뿍 받게 되었다. 수수했던 커튼마저도 멋진 디자인으로 고급스러운 실내장식의 한몫을 단단히 하고 있으니 이만하면 광목의 위상이 높아진 것이 아닌가!

모두가 가난했던 옛날은 흘러가고 지금 이렇게 풍요로운 시대에 살고 있는데도 난 때때로 무엇이 그리도 불만스러운가? 세탁기에, 냉장고에, 불의 두려움도 없는 스팀다리미에, 남의 눈치 볼 필요도 없는 목욕 시설에……. 재봉틀 없이도 얼마든지 사 입을 수 있는 옷가게도 즐비한데 난 항상 뭔가 부족한 듯 허기져 있다. 작년에 산 옷이 어쩐지 허접해 보여 또다시 진열장의 예쁜 옷에 눈이 자꾸 간다. 거실 한쪽이 비어 있는 것 같아 장식장을 들여놓고 보니 벽면이 또 빈 것처럼 허전하다. '바다는 메워도 사람의 욕심은 다 못 채운다.'라는 속담이 있다. 어쩌면 그 욕심이 우리나라를 10대 경제 대국으로 만들었는지도 모른다.

허영에 들뜬 내 마음을 식혀주려는 듯, 시원한 바람이 창문을 통해 날아든다. 내 속마음을 들켜버린 듯 어머니께 죄송스럽다. 뒷골목의 뽕나무에서 따온 오디를 한입 물고 창가에 늘어진 하얀 광목 커튼을 바라보며, 오늘도 담백하고 깔끔하게 살다 가신 어머니를 생각해 본다.

* 싱거미싱: 싱거(Isaac Merritt Singer)는 미국 뉴욕에서 태어나 1850년 싱거사(I.M.Singer & co)를 설립하고 바늘을 수직으로 움직이는 발상변환 하나로 160년 넘는 세계적 재봉기 회사를 현재까지 유지하고 있다. 재봉기, 재봉틀은 영어로 sewing machine인데 machine에 대한 일본식 발음으로 미싱이라 부르고 있다. 옛날 양반 집 규수가 시집갈 때 혼숫감으로 꼭 가져가던 물건이었다.
* 나릿물: 냇물의 순수 우리말

닭알의 변

얼레! 저 공은 저렇게 잘 굴러가는데 나는 왜 자꾸 옆으로만 굴러가지? 저 공은 뚱뚱한 게 100g도 넘고 난 겨우 59g밖에 안 되는데……. 하기야 엉덩이는 방방하고 머리는 뾰족한 것이 어떻게 저 공처럼 굴러갈 수 있겠어? 예나 지금이나 나만 닮아 봐. 모두 미인이라고 할걸.

견문이나 학식이 높은 유식한 분들은 나 같은 달걀과 우리 엄마 닭을 갖고 닭이 먼저냐 달걀이 먼저냐 매일 궁리하지만 글쎄 나도 잘 모르겠어. 달걀이 자라지 않았으면 엄마 닭이 없었을 것이고, 엄마 닭이 낳지 않았으면 나 같은 달걀이 없었을 게 아니야? 난 이렇게 지구를 시끄럽게 할 정도로 유명하단 말이야.

옛날 생각이 나네. 엄마 닭들이 알을 낳고 힘들었다고 꼬꼬댁꼬꼬댁 울어대면 인정머리 없는 사람들이 몰래 다가와서 살며시 알을 꺼내 가는 거야. 글쎄 그 따뜻한 달걀을! 엄마 닭들은 달걀을 잃고 서럽다 울어대지만, 속없이 다음날 또다시 달걀을 낳고 말지. 사람들은 우리를 모아 지푸라기에 열 개씩 싸서 장에 내다 팔았어. 다행인 것은 애들이 공부하는 산수책에 지푸라기에 싸인 우리 형제들을 예쁘게 그림으로 그려서 더하기와 빼기, 곱하기, 나누기를 공부시켰다는 거야. 이렇게 우리는 인간들에게 공헌한 바가 크다고.

기차 칸에선 삶은 달걀을 밥 대신 얼마나 많이들 먹었다고. 삶은 달걀을 먹지 않은 여행은 운치도 없는 여행이었어. 우리 주인은 산꼭대기까지 날 가져가서 먹다가 목이 메고 가슴이 막혀 생고생했지 뭐야? 급체했던 거지. 준비성 없는 안주인이 물을 준비해 주지 않아 산에서 삶은 달걀을 먹다가 하마터면 남편이 목숨을 잃을 뻔했지 뭐야?

그제 아침엔 나를 냄비에 넣고 끓이더니만 3분 만에 꺼내버렸어. 후배가 그래야 맛있다고 했다나? 그런데 노른자가 익지 않았지 뭐야?

"어라, 반숙이 덜 됐네!"

어제 아침엔 5분 만에 달걀을 꺼내더니 마치 *마리오바탈리나 된 듯 아주 흐뭇해했어. 흰자도 말랑말랑 노른자도 아주 반숙이 잘되었거든. 달걀의 진가를 알아주는 순간이었지. 근데 오늘 아침엔 뭐가 바빴던지 글쎄 10분이 되도록 달걀을 꺼내지 않지 뭐야? 약이 바짝 오른 달걀이 몸을 단단히 움츠려버렸지. 그랬더니 노른자가 딱딱해져 버렸어. 산에서 우리 주인이 먹었던 삶은 달걀이 바로 그 맛이었을 거야.

요즘 우리 안주인은 달걀껍데기를 벗기는 선수가 되었어. 껍질을 모두 깨뜨리지 않고 허리 부분만 살살 깨뜨리고 벗기면 위아래는 모자처럼 홀러덩 벗겨지는 거야. 그런데 그 껍데기를 깰 때마다 구시렁거리더라고.

"요놈은 말 잘 듣는 우리 막내같이 껍데기가 아주 잘 벗겨지네. 그런데 요놈은 누굴 닮아서 이렇게 안 벗겨지는 거야?"

흰 살이 껍데기에 찰싹 달라붙어 떼어낼 때마다 달의 분화구처럼 움푹움푹 떨어지는 내 친구들을 보고서는 마구 화를 내는 거야. 하기야 똑같이 소금물에 삶았는데 그 녀석은 오늘 왜 심술이 났는지 알 수가 없어. 같은 부모 밑에서 태어난 주인댁 형제들도 제각각인데 누굴 탓하겠어?

달걀껍데기는 또 쓸모가 대단하지. 더러워진 병이나 닦기 어려운, 속 깊은 그릇은 그 껍데기를 넣고 짤짤 흔들어 봐. 얼마나 깨끗해진다고. 우리 주인도 새것처럼 변한 분무기 병을 들고 마술이라도 본 듯 황홀해하더라니까. 속이 검은 사람들은 달걀껍데기를 씹지 말고 삼키면 좋겠어. 그런 뒤 마구 흔들면 깨끗해질 게 아니야? 부활하는 게지 뭐.

우린 가끔 정의의 용사가 되기도 해. 불의를 일삼는 나쁜 사람들을 보면 정의의 용사들은 우리 달걀들을 몰래 가지고 가서 던지거든. 그러면 달걀은 떼로 날아가 나쁜 사람들의 얼굴이며 머리, 고급 양복을 엉망진창으로 만들어 버리는 거야. 그래도 맘씨 착한 우리는 그 사람들의 옷을 영원히 못 쓰게 하진 않아. 물로 씻으면 원래의 모습으로 되돌아갈 수 있으니 반성기회를 만들어 주는 셈이지.

요즘엔 이상한 사람들이 참 많아. 달걀을 그냥 고맙게 먹을 일이지 왜 그러는지 모르겠어. 도무지 이해할 수가 없어. 흰자는 알레르기를 유발할 물질이 함유되어 아토피의 원인이 되니 먹지 말라고 하더라고. 또 노른자는 콜레스테롤이 많아 고지혈증이나 고혈압 등 성인병이 있는 사람들은 먹으면 안 된다고 야단들이야. 그렇다고 노른자만 쏙 빼고 흰자만 먹는 얄미운 입을 상상해 봐. 그래서야 되겠어? 또 살이 쪄서 다이어트에 좋지 않다나? 그러다가는 영양실조에 걸리기 안성맞춤이지. 내 열량이 74.5Kcal에 단백질이 6.2g, 탄수화물 0.61g, 칼슘이 24.5mg, 나트륨 63mg 그리고 비타민이 A, D, E, B12까지 들어 있으니 얼마나 좋은 식품이야? 요즘 서양에선 다시 우리 달걀들을 주목하고 있다더군. 비만을 방지하고 영양의 보고寶庫이며 최고의 저칼로리 다이어트 식품이라는 거야. 세계 여러 나라 중 달걀을 먹지 않는 나라 있어? 우리 달걀은 지구 상 어느 인종이나 모두 즐겨 먹는 1등 영양식품이라고.

우리 달걀을 이용한 요리가 무엇 무엇이 있는지 말해줄까? 달걀찜과 달걀말이, 달걀장조림, 달걀탕, 달걀빵까지 이루 헤아릴 수 없을 정도야. 요즘 젊은이들이 좋아하는 라면에도 달걀이 들어가야

제맛이 나지 않아? 그리고 요리 기본재료의 으뜸인 간장을 담글 때도 달걀을 사용하는 걸 알기나 해? 소금물에 달걀을 동동 띄우는 거야. 동전만 한 크기로 떠오르면 그건 간이 딱 맞는 거라네.

아, 이제 난 봉사활동을 하러 가야겠어. 우리 주인집 예쁜 딸이 글쎄 자기 얼굴에 달걀마사지를 한다네? 야호, 예쁜 주인집 아가씨의 얼굴을 많이많이 만져줘야겠어. 난 역시 행운아지 뭐야?

그러나 나보다 운이 더 좋은 놈이 있지. 엄마 닭의 품속에서 스무하루 동안 따뜻하게 안겨 있다가 병아리로 태어나서 귀여움을 한몸에 받는 털이 보송보송한 노랑 병아리들 말이야. 아, 부러워라! 지금쯤 그 병아리들은 노란 개나리 울타리 밑에서 엄마 닭을 졸졸졸 따라다니겠지? 개나리 입에 따다 물고서 ♪ ♫ ♬

* 마리오바탈리: 세계적으로 유명한 요리사. 세계 13위로서 얼마 전에 우리나라 롯데호텔에 다녀가기도 했음

2010 『대한문학』 등단작품 (2010. 4. 21.)

돌아가고파

걷는다. 혼자 걷는다. 거리를 가득 메우고 출렁이는 파도처럼 사람들이 물결치며 흘러간다. 아는 얼굴이 하나도 없다. 젊은이의 발걸음이 통통통 앞서서 걸어가며 파문을 그리듯 바람을 일으킨다. 화들짝 놀란 나의 발걸음이 흘러가버린 많은 세월의 주름을 닮아 늘어졌다. 거리는 사람들로 그득한데 혼자 외로이 걷고 있는 나는 점點이 된다. 다들 어디 두고 작은 점이 되어 혼자 걷는가? 외롭고 슬플 것 같은데 오히려 홀가분하다. 태어날 때도 혼자 태어났으니 갈 때도 혼자 갈 것이다. 외로움을 미리 익혀두는 것도 그다지 나쁘지는 않겠다.

오랜만에 노래교실에 갔더니 설 직전이라서 쉬는 모양이었다. 외출의 자유를 버리고 곧바로 집으로 들어가긴 아까웠다. 허탕을 치고 돌아서는데 갈 곳이 없었다. 약속도 없는 친구를 불러내기란 쉽지 않다. 각자 취미 활동에 바빠 대부분 외출 중일지도 모르니까. 설령 집에 있다 해도 이불 속의 따뜻함에 익숙해진 느긋함을 버리고 나올 친구는 많지 않을 것이다. 며칠 전에 친구에게 만나자고 했다가 외출 준비가 귀찮아 나오지 않겠다는 말을 들었다. 그래서 오늘은 아예 혼자 놀기로 했다.

입춘을 시샘하는 *소소리바람이 싸늘했다. 옷깃을 여미고 오거리에 있는 극장으로 갔다. 보고 싶은 영화가 한 시간 후에나 상영된단다. 귀가 시간이나 단축해야겠다는 요량으로 집에서 가까운 평화동에 있는 롯데시네마로 옮겼다.

영화 「수상한 그녀」는 칠순 할머니 나문희가 '행복사진관'에서 영정 사진을 찍고 20세의 꽃다운 처녀 심은경이 되어 벌어지는 웃기고 울리는 가족 사랑의 이야기였다. 결혼 초 남편이 독일 광부로 가서 죽자 온갖 험난한 일과, 사람이라면 해서는 안 될 배은망덕한 일까지 저지르면서도 자식을 훌륭한 교수로 키워놓았다. 하늘 아래 교수 아들을 가진 엄마는 자기뿐인 듯 기세가 등등한데 시어머니의 시집살이로 며느리가 병이 든다. 아들은 아내를 위해 어머니를 복지시설로 보내려 한다. 낙담한 엄마 오말순은 생을 정리하기 전 영정 사진이나 찍으려 사진관으로 간다. 행복사진관에서 사진을 찍자마자 그녀는 그만 스무 살의 젊은 처녀가 되어버린다. 그녀의 꿈이었던 가수도 되어 방송 프로듀서와 사랑의 감정도 느껴보지만, 손자의 교통사고로 그녀는 젊음과 행복을 포기한다. 피를 흘리면 다시 늙어버리는 것도 감수하고, 그녀는 손자에게 수혈해준다. 그 어떤 행복과 젊음도 손자에 대한 사랑을 대신할 수는 없었다.

"다시 태어나도 나는 똑같은 삶을 살겠다."

라고 외치는 그녀는, 비록 다시 늙어버렸지만, 가족을 사랑하는 그녀의 마음은 그녀의 몸속에 서려 있었다.

「빗물」「나성에 가면」「한 번 더」 등 우리가 젊은 날 많이 불렀던 노래들이 영화관 가득 울려 퍼져 영화 속으로 더 젖어들었는지도 모른다. 행복사진관! 그런 사진관이 있으면 나도 한번 가 보고 싶다.

전에 보았던 외국영화 「어바웃 타임(About Time)」이란 영화도 시간을 되돌려 실수로 놓쳤던 일들을 성공적으로 고쳐가는 내용이었다. 주인공 '팀'이 가계家系의 비밀인 시간여행을 할 수 있는 능력을 활용한다. 좁은 공간에서 두 주먹을 불끈 쥐고 눈 한 번 꿈쩍하면 가고 싶은 시간으로 되돌아간다. 자신의 신부가 될 메리를 만나고 성공적으로 데이트하기 위해 몇 번의 시간여행을 반복한다. 폭우가 쏟아지는 결혼식의 모습도 경이롭다. 우리나라 같으면 경사스러운 날에 광풍狂風이 불고 *모다깃비가 내려 팔자가 사납다고 난리일 텐데, 주인공도 축하객들도 모두 통쾌하게 웃는다. 개미들이 짐을 지고 열심히 걸어가는 길을 돌멩이 하나로 살짝 바꿔놓듯이, 두 주먹 불끈 쥐고 과거로 돌아가 가족의 불행과 잘못된 일들을 슬쩍 고쳐놓고 돌아오는 코믹한 영화였다. 그러나 아들이 태어나지 못할 시기로는 절대 돌아가지 않는다. 이 또한 가족 사랑을 가장 소중히 여기는 영화였다.

사랑은 인간에게 기본적인 삶의 주된 요소가 아니던가? 그중 자식 사랑은 *곡진하여 그 무엇과도 바꿀 수 없는 완전한 사랑이다. 동물도 사력을 다해 자기 새끼를 보호하고, 물고기마저도 자기 몸을 새끼에게 내어주면서 희생하지 않던가? 그런데 요즘 미물보다도 못한 부모들이 자주 등장하여 가슴을 아프게 한다. 책임 못 질 불장난으로 태어난 자식을 버리거나 심지어 죽여서 유기하는 일까지 있다니……. 돈 때문에 부모와 자식을 살해하는 일도 우리를 슬프게 한다. 어떤 어려움이 있어도 가족을 버리는 일은 일어나지 말아야 한다.

> 훗날 훗날에 나는 어디선가/ 한숨을 쉬며 이야기할 것입니다./
> 숲 속에 두 갈래 길이 있었다고/ 나는 사람이 적게 간 길을 택하였다고/ 그리고 그것 때문에 모든 것이 달라졌다고

미국의 시인 '로버트 프로스트(Robert Frost)'도 여느 사람들처럼 삶에 미련과 후회가 「가지 않은 길」을 노래하도록 하지 않았겠는가.

누구든 정말 할 수만 있다면 시간여행을 떠나서 지난날의 잘못을 고쳐보고 싶지 않겠는가? 그래서 「타임머신」을 비롯한 많은 시간여행 영화가 성행하나 보다. 죽을 때 철든다는 말은 그만큼 많은 세월을 보내며 경험한 뒤, 늦게야 깨달을 수 있다는 이야기가 아닐는지.

내가 만일 젊은 시절로 다시 돌아간다면 무엇을 먼저 고쳐볼까? 친구? 직장? 결혼?

그러나 가지 않은 그 길로 고쳐서 가본들 지금보다 더 성공하고 행복하리라는 보장도 없다. 생각도 감정도 나의 것이고, 결정 또한 내가 하게 될 것을……. 지금 이 순간, 바로 내 곁에 있는 사람을 소중히 여길 일이다. 내가 필요한 사람이면 누구든 달려가 웃음을 선사할 수 있는 그런 사람이 되고 싶다. 점點이 되는 외로움을 스스로 만들지 말고 정녕 외로운 이웃을 찾아봐야겠다.

* 소소리바람: 이른 봄의 맵고 스산한 바람
* 모다깃비: 뭇매를 치듯이 세차게 내리는 비
* 곡진하여: 정성이 지극하여

(2014. 2. 14.)

목련꽃을 바라보며

동면에서 깨어나는 대지에 새싹이 눈을 비비며 솟아나는 계절이 오면 난 먼 추억 속의 한 페이지를 혼자서 살며시 들춰보는 버릇이 있다. 아득한 그 시절, 빛바랜 그 세월이지만 나에겐 결코 잊을 수 없는 게 그 봄날의 아침이었다.

오늘 이렇게 고백할 수 있는 건 우리 동창들의 만남이 나에게 용기를 준 탓이다. 전주사범병설중학교 2학년 때 우리 교실은 본관과 가장 멀리 떨어진 수영장 옆 유배지와도 같았다. 그래서 우리끼리는 속칭 제주도 교실이라고 불렀었다.

아침마다 전주 다가동에서 서학동 사범학교 교문까지 30분은 족히 걸릴 그 거리를 18분 정도 걸어서 다녔다. 그러나 뛰다시피 걸어온 그 거리보다 교문에서 교실까지의 거리가 왜 그리도 멀었던지…….

그날도 여느 때와 다름없이 친구들과 어울려 교문에 들어섰다. 강당을 통하는 현관을 지나 강당 옆 사회과 특별실에 이르렀을 때 하얀 목련이 우리의 시야에 들어왔다. 잎도 피지 않은 채 성급히 봄을 맞이하는 그 하얀 색시에 반해 우린 "야-!"라고 소리치며 중정 앞 화단으로 달려갔다.

기린의 목이 되어 목련을 바라보며 나무 밑을 뱅뱅 돌던 우리 중 누군가가

"저 꽃 좀 꺾었으면!"

하고 소리쳤다. 그때 내면 깊숙이 잠들고 있던 나의 헌신적인 박애 정신(?)이 행동화되어 난 수로부인을 위해 벼랑 끝에 곱게 핀 한 송이의 꽃을 꺾어 바친 정열의 노인이 된 것이다. 나무라곤 한 번도 올라가 보지 못했던 난 정신없이 그 나무로 기어올랐다. 그건 기적이었다. 왜냐하면, 난 매우 내성적이고 거의 말이 없던 여학생이었기 때문이다. 친구끼리 대화를 하면서도 항상 얼굴이 빨개졌었다. 그런 내가 나무를 오르다니 나 자신도 놀랄 일이었다. '아하! 내 속엔 이런 용감한 행동도 할 수 있는 O형의 피가 흐르고 있었구나.' 이런 용감한 행동이 훗날 나를 꼬마들 앞에 서는 선생님으로 만들어 주었나 보다.

난 하얀 목련을 꺾어 아래로 마구 던졌다. 인정사정없는 나의 손길은 오직 사랑하는 친구들을 위한 헌신적인 마음으로 목련을 짓밟

고 있었다. 한 송이라도 더 주우려던 아이들의 소란이 중정을 가득 메웠다.

"네 이놈들!"

어디선가의 고함에 난 정신이 번쩍 들었다. 어떻게 내려와서 가방을 챙겨서 도망쳤을까.

교실로 돌아왔을 땐 내 앞에서 꽃을 들고 도망친 친구들이 하나도 보이지 않았다. 어차피 인정머리 없는 내 행위에 배은망덕한 친구들, 그들만의 도망침이 당연한 응답이었을 것이다. 하지만 그때의 상황으로선 그들이 어디에 있는지는 내게 중요하지 않았다. 지금 내가 그들 중 한 명도 기억해낼 수 없는 건 그때의 배신자들에겐 다행이라고나 할까.

그러나 배신자들이여! 인제 와서 내가 보복할 리도 없으니 내게 자수하여 그날의 하얀 목련처럼 흐드러지게 한번 웃어보면 어떨까?

아무튼, 그날 아침 운동장 조회 종이 울렸지만 나를 발견하고 고함쳤던 그 서무과장님이 나를 꼭 찾아낼 것만 같아 도저히 운동장으로 나갈 수가 없었다. 나는 꽃 한 송이도 갖지 못한 채 책상 밑 마룻바닥에 엎드려 숨어 있었다. 그 선생님께서 금방이라도 들이닥쳐 날 찾아낼 것만 같은 불안에 떨면서 조회시간이 끝나기를 기다렸다. 그 시간이 어찌 그리도 길었을까? 다행히 들키지 않았지만 난 그 이후로 한동안 목련 나무 밑에만 지나가도 죄인이 된 기분이었다. 그래서 목련을 꺾으려는 시도는 결코 해본 일이 없었고, 목련에 속죄하는 마음에서인지 꼬마들에게 나무를 사랑하자는 자연보호를 강조했는지도 모른다.

교육대학에 다니면서도 그 서무과장님을 멀리서 발견하면 먼 길 일망정 피해 다녔다. 그 일이 오래도록 부끄러워 아무에게도 말을 못하다가 30여 년이 지난 몇 년 전에야 남편에게 얘길 했다. 내 얘길 듣고 어찌나 재미있어 하며 웃던지 또 한 번 얼굴이 빨개지고 말았다.

어느 토요일 오후,

"여보, 이것 빨리 심자고!"

남편은 자기의 키보다 훨씬 더 큰 목련 나무를 사 들고 들어왔다. 우린 서로 마주 보고 한껏 웃고 나서 안방 앞에 그 목련을 정성스레 심었다. 지금도 봄만 되면 창문 앞에서 하얀 얼굴을 내밀며 내게 소식을 전해주곤 한다. 익어가는 봄소식을, 또 우리의 정답던 먼 얘기들을…….

(2009. 9. 13.)

변덕

순서가 왜 하필 의식주衣食住일까? 식의주食衣住라고 하는 게 맞지 않을까? 먹고사는 일만큼 중요한 게 어디 있겠는가. 벗고 사는 종족은 있어도 먹지 않고 사는 인간은 아무도 없다. 오죽해야 목구멍이 포도청이니 금강산도 식후경이니 했을까? 요즘 다이어트니 웰빙이니 하면서 음식을 조금만 먹으려는 사람이 늘고 있다. 그래서 食이 衣의 뒷전으로 밀려났을까?

옷[衣]은 몸을 보호하는 차원을 넘어 이제 멋을 위한 수단으로 넘어 간 지 오래다. 다양한 디자인과 고운 색상이 넘쳐나 사람들을 얼마나 현혹하고 있는가? 겨우 엉덩이만 가리고 다니는 치마나 반바지마저도 멋의 최첨단이라며 비싼 값에 팔리고 있다. 과연 의衣를 으뜸으로 삼을 만해졌다.

주住는 의衣나 식食보다 월등히 높은 차원 때문에 뒤로 밀어 놓았는지도 모를 일이다. 평생 내 집 마련을 위해 살아야 하니 멀고도 힘들다. 옛날엔 동굴 속에서도 살았으니 앞의 의衣나 식食에 밀려났다고 말함이 차라리 편할까? 누가 먼저 사용했는지는 몰라도 선견지명이 있어서 의식주衣食住라 말했나 보다.

동창회에서 야유회에 가는 날이다. 전날부터 오늘 입고 갈 옷을 고르느라 꽤 신경이 쓰였다. 5월을 앞둔 4월의 하순은 화사하고 가벼운 옷이 어울리겠지만, 돌풍에 60mm~70mm의 비 소식을 전해주는 아나운서의 일기예보는 어떤 옷을 입고 가야 할지 참으로 난감하게 했다. 일단 흰 바지에 얇은 옷을 두세 벌 껴입고 가리라 생각하고 옷을 준비해 놓았다. 그런데 오늘 아침 창밖에 보이는 풍경이 예사롭지 않았다. 새까만 하늘에 거센 바람이 소나무 가지를 잡고 뱅뱅이질을 하고 있었다. 어제 치료받고 온 어깨 통증이 염려되어 오리털 점퍼를 찾아 입었다. 오리털이긴 하지만 얇고 연두색이어서 봄 냄새가 나니까 괜찮다고 생각했다. 바지 역시 흰 바지 대신 검은색 골덴 바지를 입고 검정 운동화를 신었다. 어제까지 간택되었던 흰 바지와 흰 운동화는 한순간에 선택의 영광을 빼앗기고 말았다.

세상사도 옷장 속에 도로 갇히는 옷처럼 뒤바뀌는 사건들이 허다한 것 같다. 새 학년을 맞이하는 학교에서 어제까지의 약속과는 달리 발표되는 담임 배정에 황당해하는 교사들, 승진을 약속받은 계급사회에서도 어떤 연유에서든 뒤바뀐 순서에 분통을 터뜨리기도 한다.

오리털 점퍼를 입고 시내버스를 타는 순간부터 난 후회하기 시작했다. 추운 날씨임에도 봄이라는 이유로 모두 얇은 옷차림으로 차에 오르는 것이 아닌가. 누가 내 차림새를 보고 웃을 것 같아 몸이 자유롭지 못했다. 그러나 어깨가 따뜻하여 포근하다는 게 스스로 위로할 수 있는 변명이었다. 동창생들과 통영을 향해 달리는 내내 빗줄기는 거세어졌다 멈추기를 반복했다.

유리창에 부딪히는 빗방울과 새까만 하늘을 볼 땐 '그래, 이렇게 입고 오길 참 잘했어. 비가 더 와도 괜찮겠다.' 그러나 잠시 비가 그치고 해가 나오면 얼른 오리털 점퍼를 벗고 나도 처음부터 가벼운 옷차림으로 나선 듯 시치미를 떼고 앉아 있었다. 휴게소에서 오리털 옷을 입고 있는 사람을 보니 친지라도 만난 듯 반가웠다.

체면이 뭘까? 내 몸에 맞춰 옷을 입었으면 됐지 남들과 다르게 옷을 입었다 하여 온종일 좌불안석일 필요는 없지 않으냐 말이다. 덜 익어도 한창 덜 익은 내 속 좁은 마음에 쯧쯧 혀가 차졌다.

옷이란 종류도 많아 때와 장소에 따라 잘 맞춰 입어야 한다. 겨울에 여름옷을 입을 수 없고 여름에 두꺼운 털옷을 입을 수는 없듯이 말이다. 운동할 땐 운동복을, 잠잘 때는 잠옷을, 수영장에선 수영복을 입어야 예의에 어긋나지 않는다. 해방 직후의 우리나라는 옷이란 겨우 몸을 가려주는 도구일 뿐이었다. 옷을 때와 장소에 따라서 골라 입는다는 것은 상상할 수도 없는 일이었다. 그러니 잠잘 때 따로 입는 잠옷이 있다는 것은 본 일도 없고 알 수도 없지 않았겠는가? 어떤 사람이 일본 사람으로부터 잠옷을 선물 받고 멋진 디자인과 색상에 반해버렸단다. 신식 옷이라고 차려입고 다방에 나가 거만스럽게 커피를 주문했다는데, 실소失笑를 넘어 고생했던 그 선조가 가여워 입맛이 씁쓸하다.

옷이 날개일까? 거지와 왕자도 뒤바뀔 수 있는 것이 옷이고 보면 정말 날개 이상일 것 같다. 그래서 사람들이 백화점을 자주 찾는 게 아닐까? 백화점에서 흔히 쓰는 '소비자는 왕이다.'라는 구호도 외모와 상관관계로 왕이 되기도 하고 지나가는 객이 되기도 한다. 지금도 백화점에 갈 때엔 좋은 옷차림으로 가야 극진한 손님대우를 받는다. 허술한 차림새로 가면 호객행위도 받지 못한다. 20여 년 전 옷을 사지 않고 나오는 내 뒤통수에 떨어지던 "이런 옷을 아무나 입나?"하던 모피 가게주인의 목소리는 지금도 잊히지 않는다. 주인이 바뀌었을 텐데도 그 가게엔 들어가고 싶지 않은 것은, 내가 그때 몰상식한 주인에게 상처를 많이 받았던 모양이다.

오후에 비가 그치고 나니 오리털 점퍼가 무거워지고 들고 다니던 우산이 거추장스럽다. *토사구팽兎死狗烹이라 했던가. 실컷 부려 먹고 필요 없으니 버리고 싶은 심정이 참으로 이기적이다. 점퍼를 벗어 허리춤에 묶었다. 비가 지나간 산들이 말끔히 세수하고 나온 소녀의 얼굴처럼 해맑다. 꽃은 어느새 신록 사이로 스며들었고, 대신 나온 연초록 잎들이 수채화처럼 아름답다. 산 위의 어린잎들은 꽉 차지 않은 모습으로 하늘을 바라볼 수 있는 공간을 남겨 두고 살랑 살랑 여유를 부린다. 나도 내 마음의 공간을 찾아봐야겠다.

* 토사구팽(兎死狗烹): '토끼가 죽으면 토끼를 잡던 사냥개도 필요 없게 되자 주인이 삶아 먹게 된다.'라는 뜻으로, 필요가 있을 때는 잘 쓰다가 필요가 없어지면 매정하게 내버리는 경우를 비유하는 말.

(2012. 4. 30.)

봄의 교향악

아직 *소소리바람이 겨울의 끝자락을 날리고 있었다. 다시는 봄이 돌아오지 않을 것 같던 이 땅에, 그래도 복수초의 빨갛고 동그란 순은 언 땅을 밀어내며 봄의 서곡을 연주했다. 눈밭에서도 파란 잎을 웅크린 채 주눅이 들지 않았던 풀들이 어느새 조롱조롱 꽃을 맺었다. 겨울의 모진 날씨도 여린 야생화들의 생명은 꺾을 수 없었나보다. 언제 꽃까지 피웠을까? 지름이 0.5cm에 불과한 새별꽃이 앙증맞다. 그 작은 풀꽃도 꽃이라고 벌 한 마리가 날아와 앉았다 일어섰다 하더니 또 다른 꽃을 찾아가는 날갯짓이 부산했다.

복수초가 황제처럼 화려한 황금 비단옷으로 갈아입고 귀빈을 맞는다. 사뿐히 다가온 봄님에게 노란 영춘화도 가녀린 가지를 붙잡고 인사를 한다. 앵초의 새싹이 꼬실꼬실 몸을 비틀며 바이올린을 연주하는 듯 바르르 떤다.

며칠 만에 바람도 순해지고 포근해졌다. 미선나무가 넓게 뻗은 가지 사이로 분홍빛 꽃을 피우며 발그레 웃고 있다. 조그만 실바람에도 난출난출 흔들리는 가녀린 미선의 몸뚱이가 *가긍하다. 수양매화가 꽃잎을 터뜨렸다. 청매화와 백매화도 꽃을 피우니 온 마당이 달콤하고 상큼한 매향으로 그윽하다. 돌 틈 사이마다 돌단풍 꽃봉오리가 쌀알처럼 모여 도란거린다. 어느새 자란 수선화가 수양매화 그늘에서 나팔을 분다. 개나리는 노란 벽으로 장독대를 품고 있다. 사철 푸른 소나무가 봄의 교향악단을 지휘한다. 할미꽃은 꽃망울을 가슴에 안고 연주를 준비하며 소나무의 신호만을 기다리고 있다. 그런데 이럴 수가! 대문 안쪽에 심어 놓았던 할미꽃이 통째로 사라지고 구덩이만 *우멍했다. 누가 그랬을까? 아무리 대문 없는 집이라도 남의 집 안까지 들어와 뽑아 갔단 말인가? 꽃을 좋아하는 사람이 그랬겠지만 20포기도 넘는 한 무더기의 할미꽃을 통째로 캐가다니……. 지금쯤 '꽃 도둑은 도둑이 아니다.'라면서 웃고 있을까?

봄이 익어가고 있다. 꽃들의 교향악이 절정에 이르렀다. 목련이 어느새 하얀 자태를 뽐내기 시작했다. 어디선가 불협화음이 들려왔다. 잔디밭에서 잡초들의 소리가 수런수런 시끄러웠다. 호미를 들고 불청객을 뽑아내려 했다. 연둣빛 잡초가 장미꽃처럼 예뻤다.

뽑아내는 내 손길을 원망할 것 같았다. 화단 하나를 조곤조곤 파헤쳐 나갔다. 풀을 캐다 말고 뿌리를 좀 더 확실히 내쫓을 요량으로 흙을 한 겹 걷어냈다. 아! 이곳 땅속에서도 봄의 교향악은 시작되고 있었다. 적당히 물기를 머금은 흙이 새싹들에게 젖을 주고 있다니……. 흙은 예쁜 것 미운 것 구별하지 않고 그렇게 똑같이 품어주고 있었다.

불협화음을 일으키는 잡초를 어찌할까? 깊이 생각해 볼 것도 없이 봄의 교향악단에서 제거하기로 했다. 풀을 캐내자 뿌리가 뽑히면서 우두두둑 소리가 났다. 세상에! 까만 흙 속에 머리카락 같은 하얀 뿌리들이 실타래처럼 가득 엉켜 있지 않은가. 이것이 모두 잡초예비군이겠지. 이 풀뿌리를 모두 어떻게 건져낸단 말인가. 전산망을 뒤흔들어 놓던 해커처럼 잡초 망의 해커는 없을까? 흙을 모두 걷어내지 않는 한 잡초의 초토화란 불가능할 것 같았다. 그러기에 봄, 여름, 가을 내내 뽑아도 한없이 잡초가 올라왔던 모양이다. 어떤 통신망도 흉내 낼 수 없는 지독한 지하 조직망이었다.

히틀러가 유대인의 씨를 말리려 대학살을 감행했어도 살아남은 사람들은 세계 여러 나라에 민들레 홀씨처럼 번져 그 세를 탄탄히 하고 있다. 아름답고 황홀하게 핀 꽃들이 뿌리째 쉽게 뽑히는 것처럼, 화려했던 독재자의 몰락을 우리는 여러 번 보았다. 침략을 받았던 나라들이 레지스탕스로 독립했듯이 풀뿌리의 근성은 지금도 세계 역사를 지탱하고 있다.

봄바람에 흔들리는 여린 새싹이 고운 숨결을 내쉴 수 있었던 것은 숨어 있던 뿌리의 힘이었나 보다. 뽑아 던져놓은 풀들은 햇빛에 말라 죽어가면서도 뿌리의 한 끝이 땅에 닿기만 하면 다시 살아난다. 거기에 *여우비라도 내려주면 놀랍도록 고개를 꼿꼿이 치켜들고 싱싱하게 되살아나고 만다. 작년 여름 가뭄이 계속되던 날, 땅바닥에 납작 엎드려 있는 작은 풀꽃을 보고 깜짝 놀랐다. 종족 보존을 위한 생존의 궁리였을까? 농작물들이 바짝바짝 타들어 가고 있을 때 풀들은 키를 낮췄다. 그들은 낙엽에 가깝도록 빳빳한 단풍잎을 감수하면서 서둘러 씨앗을 맺고 있었다.

서민의 힘도 *강고하다. 포기할 줄 모르고 꿋꿋하게 살아가는 서민들을 그래서 민초民草라 불렀는지도 모를 일이다. 세인들의 눈총에 행동이나 말조차 마음대로 할 수 없는 유명한 사람들이 난 부럽지 않다. 일정에 짜여 개인 생활을 가질 수 없는 고관대작도 부럽지 않다. 그들보다 훨씬 자유스러운 민초이기에 나는 늘 행복하다.

내 어찌 화학전으로 잡초의 씨를 말리랴. 비록 힘들지라도 호미로 흙을 파서 뒤엎는 두더지 작전이나 펼칠 것이다. 풀을 골라내어 말리는 햇빛작전으로 화학전보다 훨씬 친환경적인 방법을 고수하리라. 그리고 방해하지 않는 풀들과는 적당히 타협하며 함께 살아야겠다. 이제 교향악단에서 풀꽃에도 자리를 마련해 주어야 할 것 같다.

바람이 분다. 시원하면서도 달콤한, 그리고 온기를 머금은 봄바람이…….

*소소리바람: 이른 봄의 맵고 스산한 바람.
*가긍하다: 불쌍하다.
*우멍하다: 쑥 들어가서 우묵하다.
*여우비: 맑은 날에 잠깐 뿌리는 비
*강고하다: 굳세고 튼튼하다.

(2013. 3. 30.)

분粉내 같은 노랫소리

그가 돌아왔다. 그들이라고 해야 맞겠지만 나에게 보여준 것은 '그'라고밖에 할 수 없는 한 마리만의 노래요 울음이었다. 그는 5월 환희의 계절 봄이 돌아오면 우아한 연주로 화려한 꽃들이 하늬바람과 함께 춤을 추도록 했다. 새벽부터 해 질 녘까지 온종일 봄을 찬양하는 아름다운 노랫소리는 7월 하순까지 계속되었다.

'뻐꾹 뻐꾹' 운다 하여 이름 붙여진 뻐꾸기다. 뻐꾸기 소리에는 유년의 화면이 있고 젊음의 영상이 있다. 오뉴월에 햇빛 멀미를 호소하며 열기를 토해내던 아지랑이는 젊었던 나의 몸마저 호르르 말아 올려갈 것만 같았다. 바람은 불어도 여전히 무더웠다. 그러나 지루하도록 조용한 시골길에서 들려오는 뻐꾸기의 소리는 젊음과 희망을 노래했고 불어오는 바람과 함께 행복을 안겨주었다. 곁엔 평생 동반자가 된 그이가 있었기 때문에……. 그때부터 나는 뻐꾸기만큼은 운다고 표현하기 싫어 노래한다고 했었다. 크지도 않은 몸통에서 어떻게 그런 맑은소리가 울려 나오는지 그저 신기하기만 했었다. 뻐꾸기의 아름다운 목소리는 워즈워스로 하여금 시를 짓게 하고 요나손이 「뻐꾹 왈츠」를 만들어 찬양하도록 하는 등 많은 사람을 유혹했다.

해마다 봄이 오면 우리 집 마당 위 전깃줄에 뻐꾸기 한 마리가 날아와 노래 부른다. 여러 마리 떼 지어 오는 일은 한 번도 없고 그저 혼자서 외롭게 앉아 노래한다. 하필이면 소나무도 아니요, 목련의 가지도 아닌 삭막하기 짝이 없는 전깃줄에서 노래할까? 수컷인지 암컷인지 알 수 없지만 항상 혼자다. 누군가는 암컷의 노랫소리는 다르다고 하지만 글쎄다. 봄철 내내 그렇게 노래하다가 숲이 진초록으로 변해가기 시작하는 7월이 되면 숲 속에서 노래한다. 숙주 새의 능력을 믿고 숲 속에서 여유롭게 고소한 노래를 부르는 모양이다. 8월이 되면 그들이 가버리는지 뻐꾸기 소리를 들을 수가 없다.

많은 풀이 우거진 집 앞 공터는 새들의 놀이터다. 갑자기 뻐꾸기가 앞 공터 풀밭을 향해 내려가더니 사라졌다. 나는 살금살금 뻐꾸기가 내려간 곳으로 발걸음을 옮겼다. 뻐꾸기는 보이지 않고 개망초 꽃 사이에 작은 둥지 하나가 보였다. 그 속에 나란히 앉아 있는 파란 알 세 개. 40~50마리씩 무리지어 몰려다니는 작은 귀요미 뱁새들이 둥지를 틀고 예쁜 보석 같은 알을 낳고 있었다니……. 갈대숲이며 개망초, 복분자 나무와 철쭉꽃 가지에도 둥지를 튼다는데 나는 전혀 알지 못했다. 둥지는 마른풀과 풀 이삭들로 엮여 있고 반짝이는 것이 거미줄인 듯싶었다. 오! 신비스러운 자연의 하모니여! 파란 하늘이 두 손 모아 햇빛을 쏟아주는 듯했다. 누군가 이 소박한 궁전을 소란스럽게 한 죄인이 누구냐고 호통을 칠 것 같아 후다닥 도망치듯 돌아 나왔다.

뻐꾸기는 전깃줄 위에서 탁란할 둥지를 찾고 있었을까? 붉은머리오목눈이가 집을 비워주길 기다리면서? 해마다 그곳에 숙주 새가 둥지를 튼다는 것을 그들은 알고 있었나 보다. 뻐꾸기의 선택이 탁월한 것 같았다. 집도 튼튼하고 숙주 새도 맘씨가 좋으니 이 얼마나 든든한 양부모를 만난 것인가.

탁란하면 떠오르는 드라마가 있다. 1980년대 한무숙 씨의 「생인손」이라는 드라마가 그것이다. 기억이 또렷하진 않지만, 극은 간난이라는 노파가 죽어가면서 신부님께 고해성사하는 것으로 시작했을 것이다. 생인손을 앓고 있던 자신의 딸을 작은 아씨의 아기와 바꿔치기하여 양반으로 살도록 하였다. 그러나 시대의 변천은 잔인했다. 자기가 기르던 양반의 딸은 외국 유학까지 다녀와서 교수가 되고, 우연히 마주친 가사도우미는 생인손으로 가운뎃손가락을 잃은 친딸이라는 것을 알아차린다. 언년이는 딸의 불행이 자기가 저지른 죄 때문이라며 통곡한다. 팔자는 못 속인다는 말이 맞는 것일까? 언년이의 목숨을 건 탁란에도 친딸은 끝내 종의 팔자를 면하지 못하고 말았다. 사람은 죽어가면서 가장 진실해지는 모양이다. 어딘가로 깨끗하게 돌아가기 위한 죄 씻음이리라.

붉은머리오목눈이를 멍청하다고들 하는데 난 그렇게 생각하지 않는다. 몰래 탁란시키려는 뻐꾸기와 붉은머리오목눈이의 '속이고 속지 않으려는 심리전'은 약아빠진 인간들의 행태를 보는 듯 재미있다. 뻐꾸기는 숙주 새가 알을 두 개쯤 낳으면 그 사이에 자기 알을 낳아 교란 작전을 편다. 뻐꾸기의 알과 분간하려는 붉은머리오목눈이는 색깔이 다른 알을 낳기도 한다. 오목눈이보다 먼저 태어난 뻐꾸기 새끼는 눈도 뜨지 않은 상태에서 알을 모두 둥지 밖으로 떨어뜨려 죽게 한다. 그런데 답답하게도 붉은머리오목눈이는 그저 바라만 보고 있다. 생태계의 어쩔 수 없는 숙명이기에 무한히 늘어나는 자기 종족의 개체 수를 조절해야 한다고 믿는 중일까? 아니면 새끼를 키울 수 없는 뻐꾸기가 불쌍해서 도와주려는 것일까? 자기들의 알은 뻐꾸기가 가고 나면 또 낳을 수 있다고 스스로 달래고 있는지도 모르겠다.

똑똑한 숙주 새도 있다. 뻐꾸기의 행패를 눈치채고 양육을 거부하여 둥지를 버리기도 한다. 뻐꾸기 어미는 둥지를 모두 부숴버리고 새로 만든 오목눈이의 둥지까지 찾아가 다시 알 낳기를 기다린단다. 참으로 양심도 없는 뻐꾸기다. 그래서 새들의 마피아라고 불리는 모양이다. 실컷 키워주면 어미 뻐꾸기는 새끼를 데리고 날아가 버리는데, 양부모의 섭섭함을 알기나 하며 고맙다는 인사나 하고 갈까?

이제 뻐꾸기의 소리는 노래가 아니라 울음이라 표현해야겠다. 그는 항상 외롭게 혼자서 울음을 운다. 그것도 향기가 가득한 숲 속도 아닌 전깃줄에서. 외로워서 울고 새끼가 걱정되어 울고, 자식을 부양할 수 없는 무능력을 한탄하며 운다. 그러나 겉으로는 세상의 모든 만물에 자기는 고귀한 새처럼 우아함을 보여야 하는 긴장감에 떤다.

'나는 절대로 남을 해치거나 남의 것을 빼앗는 비열함을 알지도 못한다.'는 듯 위선을 떨면서…….

지금도 자기의 출세와 영리 목적을 위해 뻐꾸기의 흉내를 내고 있는 사람들이 얼마나 많은가? 친절과 배려로 온화한 표정을 짓다가 밑바닥까지 훑어 가 버리는 사기꾼들. 돈 많은 노인에게 화려한 모습으로 다가와 친절과 서비스로 정신을 혼미하게 해 놓고서 재산을 몽땅 가지고 떠나버리는 꽃뱀들의 추행도 뻐꾸기와 다름이 없다. 우리나라에 먼지처럼 스며든 종북(북한 추종) 세력을 바라만 보고 있는 우리 국민은 붉은머리오목눈이인가?

'뻐꾹, 뻐꾹.' 오늘도 전깃줄에 앉아 외로운 노래를 부른다.

이제 또 무엇을 속이려고 얄밉도록 아름다운 소리를 분내처럼 풍기는가.

(2012. 7. 7.)

세종대왕님, 사랑이 죄인가요

– 경복궁을 찾아서

고궁은 마음을 가다듬고 싶을 때 가끔 찾는 곳이기도 하다.

광화문光化門 앞에 섰다. 우리의 역사와 함께 수많은 고난을 겪었던 곳이다. 3년 8개월간 280여억 원의 사업비를 들여 일본 제국주의가 훼손한 광화문을 복원했다. 3.75도나 틀어진 문을 바로잡아 드디어 광화문–흥례문–근정문이 일직선을 이루게 되었다. 뒤늦게나마 민족의 자존심을 되살린 대역사大役事였다.

경복궁에 들어섰다. 넓은 궁내에는 많은 외국인이 가이드의 설명을 들으며 둘러보고 있었다. 정말 위상이 높아진 국제도시다웠다. 중국 관광객들이 가장 많이 눈에 띄었다.

왕과 왕비의 침소인 강녕전과 교태전을 지나 내가 좋아하는 경회루에 이르렀다. 외국 사신을 맞이하거나 나라의 경사가 있을 때마다 연회가 베풀어졌다는 곳, 경회루. 연못 속의 섬 위에 우뚝 앉아 고고한 자태를 뽐내는 경회루. 슬픈 역사도 아픈 사연도 모두 보듬은 채 조용히 위엄을 지키고 있는 모습이 경제 대국으로 우뚝 서게 된 우리나라의 위상처럼 당당했다. 경회루를 감싸안은 물결이 봄빛에 반사되어 화사하게 일렁였다.

경회루의 연못을 판 흙으로 쌓아 만들었다는 가산假山, 아미산峨嵋山에 올랐다. 육각형의 굴뚝 벽에는 십장생, 사군자 등 장수와 부귀를 빌고 화마와 악귀를 막는 상서로운 짐승들로 가득 채워져 있었다. 이들은 중전의 강령을 한껏 빌어줬으리라. 한 번 궁에 들어오면 궁궐 밖으로 나갈 수 없는 중전을 위해 만들었다는 작은 동산이 애처로웠다.

한참을 돌아 동궁 앞에 서니 갑자기 눈시울이 붉어졌다. 세종대왕의 태산 같은 그늘이 너무나 짙어 심약할 수밖에 없었던 문종이 안쓰러웠다. 문종은 29년간의 기나긴 세자 시절을 이곳에서 보내면서 단종을 낳았다. 또한 이곳은 순종이 32년간 세자생활을 했다는 애달픈 곳이기도 하다.

갑자기 세종대왕의 일그러진 용안이 상상이 되었다. 자식을 기르는 부모의 마음은 지존인 왕이라 하여 다르지 않았을 것이다. 현대까지 대왕이라 칭송을 받는 완벽하신 세종께서 어찌 세자빈의 간택은 그리도 못 하셨을까?

첫 번째 세자빈 휘빈 김씨는 돈녕부사 김구덕의 손녀이자 김오문의 딸이었다. 세자 향의 사랑을 갈구하여 사가私家에서 은밀히 사용한다는 여러 가지 방술房術을 사용했다. 상대방 여자의 신발을 베어다가 불에 태워 가루를 만든 뒤 술에 타서 남자에게 마시게 하면 사랑을 얻게 되고 저쪽 여자는 홀대를 받는단다. 실제로 김씨는 자신의 약 주머니에 가죽신의 껍질을 가지고 다니다가 탄로가 나서 2년 3개월 만에 쫓겨났다. 폐서인이 된 휘빈을 아버지 김오문은 교살해버렸다. 치욕과 분노를 참지 못한 그 역시 자결해버리고 말았다.

두 번째 세자빈 순빈 봉씨는 지방 현감의 딸이었다. 그녀는 후궁 권씨가 임신하자 거처 밖까지 들리도록 소리를 내어 울었다 한다. 태기가 있다고 거짓말도 하고 사랑을 갈구하다 동성애까지 했으며 남자를 사모하는 노래를 시녀에게 시키는 등 변태적인 행동을 보였다. 결국, 자신의 여종 소쌍과 부적절한 관계를 맺었다는 사실이 탄로 나 폐빈이 되고 말았다.

세 번째 세자빈은 이미 문종의 딸을 낳은 어질고 공손한 후궁 권씨로 간택했다. 권씨는 14세에 세자의 후궁으로 입궁하여 6년 뒤에 왕세자빈에 책봉되었다. 성품이 온화하고 공손하여 규범과 법도를 잘 지켰고, 어른을 잘 공양했으며, 아랫사람에게도 화목하게 대하여 모든 이로부터 사랑받는 여인이었다. 그러나 권씨는 세종 23년에 단종을 낳았는데 그 이튿날 사망하고 말았다. 세자 문종의 슬픔은 말할 것도 없고, 세종께서도 얼마나 많은 가슴앓이를 하셨을까?

문종은 권씨 이후 세자빈 책봉을 모두 거절하였다. 37세에 등극하여 2년 4개월이라는 짧은 보위 기간을 보냈으나 재위 내내 중궁전은 비어 있었다. 재위 기간 왕비가 없이 홀아비로 지낸 유일한 왕이다. 세자 때부터 12년간이나 곤위를 비워 놓고 살았으니 단종의 생모 현덕빈에 대한 사랑이 그토록 컸었단 말인가? 아니면 여자들의 투기에 넌더리가 난 것일까? 외척의 세력에 신경을 쓰느니 차라리 혼자 산 세월이 평화로웠을지도 모를 일이다.

예나 지금이나 자기 남자가 다른 여자와 정을 통하는 것을 참고 지낼 여자가 어디 있겠는가. 세종대왕도 이건 생각지 못했을 것이다. 남자가 여자의 심정을 어찌 알 수 있었겠는가?

왕족은 공인된 바람둥이들이다. 귀한 왕손을 낳기 위해서 그런다 해도 너무 심한 것 같다. 태종과 성종은 12명의 부인을 두었고, 세종대왕도 6명의 부인을 두었다. 임금이나 세자를 질투한다는 것은 여자이기 전에 인간이기를 포기해야 하는 목숨 건 사안이었다. 빈嬪의 자질이 부족한 여인들을 간택한 세종대왕의 잘못도 크다. 그러나 세자빈들이 꽃다운 어린 나이에 세자에게 시집을 왔으면 당연히 남편과 함께 있고 싶어했을 것이다. 그런데 곳곳에 후궁들과 궁녀들이 있으니 그녀들에게 세자를 빼앗기고 싶지 않은 마음이야 당연한 게 아닐까?

조선 시대의 남자들은 칠거지악七去之惡이란 악법을 만들어 여자를 집 안에 가두어 놓고 자기들은 마음대로 여색을 즐겼다. 세자빈은 동궁전에, 중전은 중궁전에, 양반댁 마님은 안채에 들여앉혀 놓고 누구와 사랑을 나누든 질투를 말라고 했던 것이다.

신화에서도 제우스의 여인 헤라는 질투의 여왕이다. 바람둥이 제우스는 수많은 여신과 때론 인간 세상의 여인들과도 바람을 피운다. 화가 난 헤라는 제우스가 숨겨둔 여인들을 찾아내어 온갖 보복을 가한다. 제우스의 본모습을 보게 하여 광채에 몸이 타 죽은 세멜레, 제우스가 암소로 변신시킨 이오를 데려다가 온갖 방법으로 괴롭힌 헤라. 신들도 질투하는데 사람이 질투한다고 내쫓고 죽이고 했으니…….

인간이 질투하는 것은 당연한 일이다. 아무리 체통과 권위를 지켜야 하는 빈嬪들이라 할지라도 지아비를 가까이 모시고 싶어하는 것이 왜 죄란 말인가? 시앗을 보면 부처도 돌아앉는다는 말이 있다. 현대인들에게 이런 일이 생긴다면 모두가 이혼한다고 펄쩍펄쩍 뛸 것이다. 쫓겨난 세자빈들의 원망 소리가 동궁 구석구석에 서려 있는 것 같았다.

궁궐을 나섰다. 옛날엔 궁궐을 나간다는 것은 희망의 끝이라고 보아도 맞는 말이었다. 자손이 없는 후궁은 왕이 승하하고 나면 궁궐을 나가 동대문 근처의 정업원淨業院에 들어갔다. 그녀들은 비구니의 신분으로 선대왕의 명복을 빌며 말년을 보냈다. 또한, 권력에 밀려난 사람들이 쫓겨나가는 길이기도 했다.

난 숨을 깊이 몰아쉰 뒤 마음을 가다듬고 천천히 걸어 나왔다. 그들처럼 쫓겨 가는 것도 아니고 비구니가 되려고 나가는 것도 아니지 않은가!

뜻있는 관광을 마치고 여유를 느끼며 내 뜻에 따라 자유롭게 밖으로 나오는 것이다. 후유! 이런 자유는 역시 세월을 잘 만난 덕분이 아닌가?

(2011. 4. 15.)

슴베

오랜 세월 주방을 차지하고 있던 터줏대감이 아니던가. 음식을 맛있게 먹을 가족 생각에 콧노래를 부르며 무를 썰고 있는데 칼이 칼자루에서 쑥 빠졌다. 손잡이 부분이 뭉뚝하고 뾰족한 게 예쁜 구석이라곤 하나도 없고 울퉁불퉁 제멋대로 생겼다. 칼자루 속에서 빠지지 않으려면 적당히 통통해야 하리라……. 왕의 칼이라 해도 칼자루는 용무늬로 조각하고 예쁜 보석으로 치장하지만 속으로 들어가는 부분까지 굳이 치장하겠는가?

칼의 자루 속에 들어박힌 뾰족하고 긴 부뷴을 슴베라고 한다. 칼뿐만 아니라 호미 낫 등 손잡이 속에 감춰진 부분이 슴베다. 녹이

슨 것을 보니 측은했다. 평생 칼자루 속에서 칼날의 활동을 도우면서도 공을 내세우지도 못하고, 부러움으로 가슴앓이를 했나 보다.

큰언니는 우리 가족의 슴베였다. 부모님은 아들 셋을 낳고 얻은 첫딸이었기에 언니를 매우 사랑하셨다. 그러나 귀여움도 잠깐, 동생들이 줄줄이 태어났다. 6 · 25전쟁 때 열다섯 살이던 언니는 어머니를 도와 동생들을 거둬야만 했다. 언니는 그때부터 엄마의 슴베가 되었다.

언니는 오빠들에게 밀려 고등학교를 중퇴하고 항상 어머니 옆에서 살림 밑천인 큰딸로 남았다. *살가운 언니는 순종을 미덕으로 여기며 당연히 주어진 의무를 다하듯 그렇게 살았다.

언니에게도 청춘은 돌아왔다. 연애는 큰일 날 가문의 수치라고 여겼던 그 시절, 부모님의 반대가 심하셨지만, 언니와 형부의 사랑을 막을 방법은 없었다.

언니 이름은 영희다. 아들을 낳아 철수로 이름 짓고 이제 바둑이만 사면 된다고 기뻐하더니 형부는 그만 병이 들어 서그럭거리는 가랑잎처럼 *이울었다. 지금 같으면 충분히 나을 수 있는 복막염이었는데 1950년대의 의술로는 힘든 병이었던 것 같다. 형부의 병세가 악화되어 전주도립병원에 입원했다. 언니는 돌도 지나지 않은 어린 조카를 업고 형부 곁에서 항상 *고수련했다.

마지막 모습을 보여주기 싫어서였을까? 형부는 그날따라 유난히 언니를 친정으로 쫓아 보냈단다. *뜨악했지만 친정에서 하룻밤을 보낸 언니는 불안하여 더 머물 수가 없었다. 시댁으로 돌아가는데 지붕 위에 하얀 옷이 걸쳐 있더란다. 형부는 눈도 감지 못하고 그렇게 돌아가셨다. 돌아가시기 며칠 전 어스름 판에 형부와 언니가 함께 붉은 풍선 같은 것이 병실 창문 밖으로 두둥실 날아가는 것을 보았다는데, 그게 형부의 혼불이었을까?

혼자 남은 스물한 살의 언니는 가련했다. 남편이 없는 팔자이니 재혼을 시키지 말라 했다는 점쟁이만 없었어도 언니가 그렇게 한평생 힘겹게 살진 않았을 것이다. 점쟁이 말을 맹신한 어머니의 마음도 야속했다. 어느 누구도 사랑해서는 안 되는 죄인 아닌 죄인! 담장 밖으로 뻗어나간 붉은 감처럼 뭇사람이 군침을 흘리던 젊음도 사그라지고 말았다. 대지를 도르르 말아 올릴 것만 같은 정열의 태양도 서산으로 사라질 때면 붉은 노을로 삭히지 않던가. 노을의 지혜를 닮으려 애쓰며 가슴만 쓸어내렸던 기나긴 세월……. 79세가 될 때까지 혼자 산 세월이 너무 애처로웠다.

언니는 형부가 돌아가시자 혹 같은 자식 하나를 데리고 다시 친정으로 돌아왔다. 친정살이는 예전과 달리 눈칫밥을 먹는 것 같았다. 나보다 아홉 살 아래인 조카는, 아기였을 때 울기 시작하면 한참을 울다가 숨이 깜박 멎었다. 놀라서 바라보면 곧 깨어나 다시 울었다. 나는 그럴 때마다 어린 조카가 어찌나 불쌍한지 함께 울었다.

"나 혼자만이 그대를 사랑하여 영원히 영원히 행복하게 살고 싶소……."

언니가 고운 목소리로 노래 부를 때면 애잔한 슬픔이 밀려와 가슴이 아팠다. 평생 형부를 향한 *흐노니가 샘물처럼 고여 있는 노래가 아니던가!

"네 언니가 벽璧 상上의 거울이다."

어머니가 딸자식들을 교육할 때마다 하시던 이 말씀은 언니의 이마에 찍힌 낙인과도 같았다. 언니는 가족 행사에서 더는 앞장설 수 없는 신세가 되었지만, 집안일은 당연히 언니의 몫인 양 이어졌다. 작은언니와 함께 두들기는 다듬이소리는 언니의 풀지 못한 한을 쏟아내는 노래였다. 허공 속에서 춤추는 두 손은 숨죽이며 살아가던 소리 없는 반항이었고, 고달픔을 벗어나 세상으로 나가고 싶은 욕망이었다.

언니는 손잡이 없이는 힘도 쓸 수 없는 슴베처럼 부모를 의지하며 살았다. 아버지께서 미용 기술을 배운 언니에게 미장원을 차려주셨지만, 순진했던 언니는 주인에게 사기를 당해 돈 한 푼 돌려받지 못하고 문을 닫고 말았다.

죄송함을 대신한 효심은 아니었으리라. 아버지가 뇌출혈로 쓰러지자 누군가 오리의 생피가 효험이 있다고 권했다. 누가 그 험한 일을 한다고 하겠는가? 모두 망설이는데 언니가 기꺼이 아버지를 위해 칼을 들었다. 칼로 목이 베인 오리의 버둥거림이라니……. 오리의 몸부림만큼이나 언니도 몸서리치면서 눈물을 흘렸다. 정녕 효녀의 표상이었다. 그러나 그 효심을 알아주는 가족은 아무도 없었다. 큰언니니까 당연히 그 일을 할 수 있다고만 생각했다.

언니의 홀로서기는 무척 힘들었다. *엉세판에 아들의 대학교 학비를 벌기 위해서 보험회사에 들어가 외판을 했지만, 실적이 좋지 않아 항상 허덕였다. 시숙 내외가 맞벌이로 잘살고 있었지만, 조카의 학비 보조를 해 줄 마음의 여유는 없었다. 파리가 손발의 먼지를 털듯 탈탈 털어내는 동서를 뒤로하고 돌아선 언니는, 사막의 열기처럼 화끈거리는 창피를 온몸에 뒤집어쓰고 큰집과는 영원히 금을 긋고 말았다. 가녀린 어깨 위로 삶의 무게가 천 근이었다. 나도 넉넉하지 못했던 그 시절이었기에 언니를 흡족하게 도와주지 못했다. 그러나 언니의 회갑 잔치만큼은 지나칠 수 없었다. 우리 집에서 조촐한 잔치를 베풀어 주던 날, 함박웃음을 웃으며 행복해하던 언니의 모습이 지금도 눈에 어린다.

착한 만큼 복이 온다면 좋으련만 행운의 여신은 언니 곁에 머물어주지 않았다. 애지중지 키워온 아들 역시 어머니의 사랑에 보답하고자 열심히 뛰었지만 애타는 마음만큼 사업이 잘되지 못했다. 시댁 조카 병원에서 식당 일과 청소 일까지 도맡아서 돈을 벌었다. 그렇게 번 돈은 손자들의 학비로 모두 보내고 당신을 위해서는 한 푼도 쓰지 않았다. 늙으면 돈이 있어야 한다고 형제자매들이 아무리 이야기해도 듣지 않고 모두 서울로 올려 보냈다.

○○산부인과 식당을 접으면서 기나긴 고난의 터널을 빠져나오듯 슴베도 빠졌다. 마지막으로 닦아 놓은 식당 그릇의 반짝임 대신 슴베에는 삶의 녹이 푸르게 붉게 닥지닥지 붙어 있었다. 형부를 잃은 절규가 피멍이 되어 슴베 속으로 스며들었을까? 풀잎처럼 연약한 가슴에 몹질한 사기꾼의 행패가 붉은 울음을 울게 했을까? 자식 교육에 숨 가빴던 세월, 친척들 앞에 당당하지 못한 슬픈 눈물이 아

마도 그 속에 스며들었나 보다.

언니는 이제 아들의 아들, 슴베가 되어 가족의 품으로 돌아왔다. 맞벌이하는 손자를 도와 증손자들을 키우고 있다. 머루같이 까만 눈동자, *도담도담 자라는 증손을 바라보는 기쁨만으로도 푸른 녹이 서서히 녹고 있다. 꼬마들의 함박웃음에 붉은 녹이 점점 사라져간다. 이제 슴베는 더는 녹슬지 않는 평화를 얻으리라.

수세미에 세제를 묻혀 슴베의 녹을 닦았다. 거무죽죽한 물이 걸쭉하게 흘러내렸다. 맑은 물에 씻으면서 언니의 가슴속을 닦아내듯 문지르고 또 문질렀다. 닥지닥지 붙어 있던 붉은 녹이 한 겹씩 벗겨졌다. 상처처럼 남겨진 흔적을 바라봤다. 평생 반짝이는 칼날 노릇도, 예쁜 손잡이 노릇도 못해본 채 영원히 녹슬어 숨어 살던 슴베, 그 슴베는 바로 큰언니였다.

* 살가운: 마음씨가 부드럽고 다정스러운
* 이울다: 점점 쇠약해지다.
* 고수련: 병자에게 불편이 없도록 시중들어줌
* 뜨악했지만: 마음이 선뜻 내키지 않았지만
* 흐노니: 누군가를 굉장히 그리워하는 것
* 엉세판: 몹시 가난하고 궁한 형세
* 도담도담: 어린아이 등이 별 탈 없이 잘 자라는 모습

(2014. 4. 19.)

신선이 되어보리

마당에 뿌려진 4월의 햇살을 주워 먹고 있는 뱁새들이 앙증맞다. 4월인데도 아직은 아침 바람이 쌉쌀한 머위 맛이다. 올해 두 번째 나들이인 섬진강 여행이다. 달리는 차창 밖으로 꽃무리가 봄을 찍어 놓았다. 섬진강의 푸른 물결이 우릴 반긴다. 그새 꽃구름은 산허리를 둘러메고 앉아 있다. 강가의 벚나무들이 강물 속의 그림자를 안고 물처럼 흐르고 있다. 꽃으로 된 '꽃 강물'이다.

평일이라서 관광객들이 줄었다고 생각했다. 먼저 구례군 문척면에 있는 사성암의 벚꽃부터 구경하리라 마음먹고 토지면 간전교를 지났다. 사성암 주변의 동해 마을까지 이어진 벚꽃 터널은 쌍계사

못지않게 아름다웠다. 동해 마을은 옛날부터 모기가 없는 마을로 유명하다. 마을 사람들은 무문정無蚊亭이라는 정자를 지어 놓고 모기가 없는 마을임을 자랑스러워한다. 강감찬 장군이 이곳에서 도술을 부려 시끄러운 강물 소리는 오산 절벽으로 보내버리고, 모기는 마을 앞뒤로 쫓아버렸다는 전설이 전해지는 곳이다. 기둥에 강감찬 장군의 전설이 새겨져 있다.

하동으로 향했다. 수도水道 시설까지 잘 갖춰진 '평사리 공원'에서 라면을 끓여 먹고 있는데, 남녀 고등학생들이 우르르 몰려왔다. 현장체험학습을 나온 부산관광고등학교 3학년 학생들이었다. 열댓 명의 학생들이 우리가 앉아 있는 정자로 다가왔다. 재잘거리는 모습이 귀여운 참새 떼 같았다. 남편이 선뜻 우리가 사 온 딸기 한 상자를 그 아이들에게 주었다. 여학생들은 갑자기 받는 선심이 부담스러운지 자꾸 사양했다. 그렇게 미안하면 딸기를 받는 대신 우리에게 노래와 춤으로 화답하라 했다. 아이들이 한 줄로 늘어서서 노래와 춤을 추는데 요즘 젊은이들 노래라 알아들을 수가 없었다. 세태가 그러니 어쩌겠는가? 우리가 고상한 가곡을 기대할 수는 없는 터, 한바탕 웃고 딸기를 주었다. 미안했던지 종이에 딸기를 조금 덜어서 가져왔다. 한 개씩 돌려가며 집어 먹는 모습이 해맑았다. 인문고등학교에 진학하지 않고 특수 과목을 공부한다는 것이 대견해 보였다. 저런 풋풋한 학생들이 있는 한 대한민국의 장래는 밝으리라…….

쌍계사로 향했다. 오전의 교통상황과 매우 달랐다. 차가 밀리지 않으리라 생각하고 사성암 벚꽃 길을 먼저 택한 것이 착오였다. 지름길로 쌍계사에 갔지만 되돌아 나오는 벚꽃 터널은 사람들과 차들로 그득했다.

차 막힘이 차라리 행운이었을까? 운전하는 남편은 '무궁화 꽃이 피었습니다.' 놀이하듯 가다 서기를 반복하는데, 나는 그렇게 행복할 수가 없었다. 꽃잎 하나가 나비처럼 팔랑팔랑 떨어지더니 차 안에 있던 나의 물잔에 떨어졌다. 후우 입김을 불어보니 물잔 가장자리로 꽃나비가 밀려 앉았다.

아! 술잔이 아니어도 좋다. 이 한 잔의 물로 꽃 향에 취한들 누가 뭐라 할 것인가? 한 잔의 술에서 달을 마시듯 나는 한 잔의 물에서 봄을 마셨다. 여기저기서 꽃나비가 춤을 추며 나의 흥을 돋웠다. 내 맘의 강물에 분홍색 파문이 일었다. 바람이 불었다. 벚꽃 잎들이 꽃비가 되어 내려왔다. 그래, 꽃비다! 꽃비를 맞으러 나가리라. 차 문을 열고 나가니 머리를 맞대고 수다를 떨던 벚꽃들이 화르르 내게 달려들었다. 꽃잎들이 얼굴을 간지럽게 했다. 머리에도 가슴에도 팔다리에도 꽃비가 쏟아졌다. 난 벚꽃 잎으로 꽃 샤워를 했다. 내게 꽃비를 날려주던 커다란 벚나무들이 팔을 부리듯 냇물에 꽃가지를 내려놓았다. 가지마다 핀 꽃은 벽을 싸고 구름 같은 꽃송이가 머리를 이었다. 꽃방이었다. 아방궁인들 이처럼 아름다울까? 꽃방 앞의 꽃길도 수백 미터다. 이 얼마나 호사스러운 일인가!

꽃이 진다고 서러워 말자. 꽃은 지면서도 희망을 남겨 놓고 지지 않던가! 꽃잎이 떠나 슬퍼하는 빨간 꽃받침을 연둣빛 벚나무 잎이 위로하고 나면, 우거진 초록 잎 사이로 까만 열매가 조롱조롱 애교를 떨리라. 내년에 또다시 꽃이 핀다고……. 인생도 다시 피는 꽃처럼 봄마다 활기 넘치는 건강이 돌아오면 얼마나 좋을까?

10분이면 지나올 거리를 한 시간 넘게 걸려 겨우 섬진강 가로 나왔다. 강 건너 벚꽃이 꽃담을 이루었다. 이 또한 선경이로다! 벚꽃 한 줄 걷어내어 꽃 목도리를 둘러볼거나? 두루루 한 묶음 걷어내어 꽃 이불을 만들거나? 아니지. 차라리 저 꽃구름 위에 살포시 내려앉아 신선이 되어보리…….

(2014. 4. 12.)

2부

꽈리와 어머니

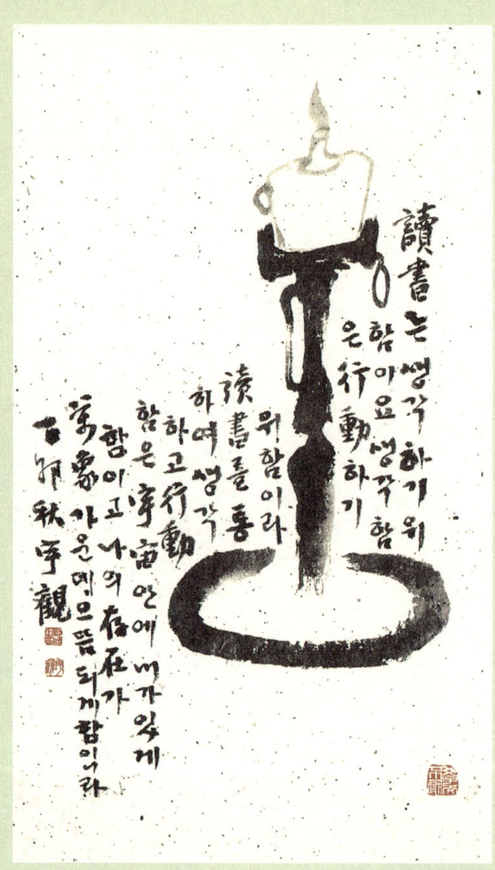
讀書는 생각하기 위
함이요 생각함
은 行動하기
위함이라
讀書를 통
하여 생각
하고 行動
함은 宇宙안에 내가 있게
함이고 나의 存在가
萬象가운데 으뜸되게 함이라
宇觀

讀書 (宇觀 金鍾凡)

꽈리와 어머니

감나무 밑의 꽈리가 얼굴을 붉히며 빨갛게 웃고 있다. 세 해 전에 몇 그루 심었던 게 제법 세勢를 불려 영역을 크게 넓혔다. 꽈리는 주머니에 싸여 단정히 앉아 품위를 유지하면서 누군가 껍질을 벗겨주길 기다린다. 때때로 새색시 같은 얼굴이 보고 싶은 벌레들이 껍질을 갉아 먹어 그물맥만 남겨둔 채 훔쳐보기도 한다. 그런데도 빨간 앵두는 여전히 공주처럼 품위를 잃지 않는다.

꽈리는 우리 어머니의 모습이었다. 파란 꽈리주머니 속에 어린 시절의 어머니가 앉아 있는 것 같았다. 양반집 처녀가 바깥출입을 하며 학교에 간다는 것은 감찰 댁 손녀딸로서는 있을 수 없는 일이었다. 더구나 체조한다고 이불 위에서 재주를 넘다니……. 학교에 나오지 못한 학생을 안타깝게 여긴 일본인 담임선생님이 가정방문을 왔었다. 그러나 외할머니는 어린 딸을 광 속에 가두어 버렸고, 광 속에 갇힌 어머니는 모기만 한 목소리로

"선생님, 나 여기 있어요."

하며 울었지만, 선생님은 제자의 목소리를 듣지 못하고 돌아가고 말았다. 그 길로 어머니는 학교와 인연을 끊을 수밖에 없었다.

배움에 한이 맺힌 어머니는 경성사범학교 출신인 아버지를 만나 결혼하셨다. 아버지는 일본인 틈바구니에서 겨우 졸업했다는 조선 사람 여섯 명 중 한 명이었고, 남원 읍내를 개화시킨 선각자였다. 가난을 몰랐던 어머니는 '재산이 무슨 소용이냐, 하루 세끼 밥 먹으면 됐지.'하면서 선몽先夢만을 믿고 고집을 부려 아버지와 결혼하셨단다. 꿈에서처럼 아들 다섯에 딸 넷 9남매를 낳고 일생을 행복하다며 사셨다.

꽈리는 햇살과 공기와 바람을 안고 주홍색으로 여물어갔다. 빨간 꽈리 하나를 따서 껍질을 찢어 뒤로 발딱 젖혔다. 빨간 젖꼭지가 눈앞에 오뚝 섰다. 어머니다! 어머니의 젖꼭지 같은 빨간 열매를 조물조물하다 보니 말랑해졌다. 잎자루에서 살며시 떼어냈다. 살점이 떨어져나간 듯 파르스름한 게 자식 걱정하던 어머니의 얼굴이었다.

"이것아, 결혼하면 3년 안에 네 서방이 죽는대."

떨어져나온 꽈리를 가시로 콕 찔러 보았다. 한 방울 눈물이 맺혔다.

"이 바보야! 네 형부가 아들 돌도 못 지내고 죽은 것도 원통한데

너까지 왜 그래?"

스물한 살에 홀로 된 큰딸은, 평생 어머니의 가슴을 짓누른 다듬잇돌이었다. *여우별처럼 잠깐 왔다가 사라져버린 큰사위였다. 그런 사위보다 더 약해 보이고 딸을 책임질만 한 재산도 직장도 없는 가난한 총각을 어찌 셋째 사위로 맞고 싶었겠는가? 어머니의 반대는 당연하였다.

또다시 가시로 콕 찌르니 아픔을 참아내듯 동그란 눈물이 주르르 흘러나왔다. 입으로 얼른 핥아 보았다. 어머니의 시린 마음처럼 새콤했다.

"그놈, 아무것도 없지만 제 발등의 불은 끌 수 있단다. 네가 알아서 해라."

그처럼 현명했던 아버지는 10년이 넘는 치매로 더는 상담할 수 없는 상황이었다. 그래서 큰오빠에게 일임해 버린 우리의 결혼이었다.

'시집 자랑 말고 팔자 자랑하랬다.'라는 옛말로 나 자신을 스스로 변명하고 위로했다. 간소한 결혼식이나마 올릴 수 있다는 게 얼마나 감지덕지한 일이었던가.

"너도 꼭 너 닮은 딸년 낳아 나처럼 속 썩어봐라."

그래서였을까? 우리 딸도 나처럼 직장도 없이 공부하는 학생에게 시집가겠다고 했다. 불안했던 마음, 아마도 어머니 마음이 이랬지 싶었다. 그러나 사랑한다는데 어쩌랴. 답답하기는 했지만 남다르게 똑똑하다는 말만 믿고 사위로 맞이했다. 영호남의 지역 차별도 견디고 지금은 잘살고 있으니 참으로 다행이다.

꽈리를 콕콕 찌를 때마다 물이 눈물처럼 흘러내렸다. 액체가 다 빠져나온 열매는 쪼글쪼글해졌다. 이제 속을 파내도 좋을 것 같았다. 가시로 꽈리 속을 후벼 팠다. 그이와 내가 사귀던 6년 동안 어머니의 가슴을 후벼 팠듯 그렇게 후비고 또 후볐다. 은전 같은 씨앗이 졸졸 나왔다. 평생 부어온 사랑을 몽땅 내어 주신 어머니의 베풂이고 희생이었다.

줄 줄 줄 씨앗이 쏟아졌다. 자식 걱정에 녹아내린 애간장이 몽땅 쏟아져나왔다. 10년 병시중마저도 기쁨이었던 남편을 여읜 가슴 시린 통곡의 눈물이 흘러나왔다. 당신마저 중풍으로 누우셨던 4년간의 외로움도 녹아 흘렀다. 꽈리는 한 줄 남은 심줄을 붙들고 기진맥진 안간힘을 다하고 있었다. 어머니의 마지막 자존심이었다. 속살 심줄이 소리도 없이 끈을 놓았다. 그토록 사랑했던 아버지를 다시 만나러 어머니도 하늘나라로 가셨다.

텅 빈 동그란 주머니가 인고의 세월을 살아온 자랑스러운 영광으로 햇살에 야리야리 빛났다. 비움 속의 충만이었다. 무엇으로도 대신할 수 없는 사랑의 완성이었다. 적삼 아래로 쪼그라진 어머니의 젖꼭지가 달랑 붙어 있었다.

'저 젖 물고 우리 9남매가 자랐구나!'

어느 날 동생이 말했다.

"누나, 엄마가 누나 결혼 전 어느 밤중에, 나를 어떤 네거리로 데리고 가서 뭔가를 파묻게 하셨네. 그런데 그게 무엇인지는 몰라."

'아, 어머니! 결혼 생활 37년을 넘어 이만큼 살게 된 것이 어리석

은 딸을 위한 어머니의 *비나리 덕분이었군요.'

끝내 한 마디 말씀도 없이 떠나가신 그 비밀! 시리고 아픈 가슴을 어루만지며 늦게나마 두 손을 모았다.

속살이 곱게 떨어진 동그란 꽈리를 입술에 얹어 윗니로 지그시 눌러 보았다.

"꽈드득!"

어머니의 목소리가 들려왔다.

"예까지 살아오느라고 애썼다. 이젠 됐다."

꽈드득 꽈드득 꽈리가 노래했다. 공기를 가득 채워 다시 한 번 지그시 눌러 보았다. 볼을 타고 뜨거운 눈물이 흘러내렸다. 어머니의 얼굴에 흘렀던 그 눈물이 내 얼굴에도 자꾸자꾸 흘러내렸다.

* 여우별: 궂은날 잠깐 났다가 사라지는 별
* 비나리: 앞길의 행복을 비는 말

(2010. 11. 19.)

별종 別種

내 고향은 완주군 용진면 넓은 벌판이 한눈에 보이는 호성동이다. 벼가 누렇게 익어갈 무렵 난 네쌍둥이로 태어났다. 엄마의 보드라운 품속에서 꿀맛 같은 젖을 먹으며 살던 한 달! 내가 행복이 뭔지 막 깨달을 무렵, 낯선 아저씨의 차에 실려졌다. 우리 개들도 별수 없이 팔려가는 흑인들과 같은 신세가 되고 만 것이다. 사람들은 우리 종족들 부자지간父子之間의 정을 이해나 할까?

새로 입양되어 온 이곳은 구이라는 모악산자락 동네였다. 공기도 맑고 멀리 저수지가 보이는 곳이다. 새 주인은 나를 무척 사랑해 주었다. 배가 부르도록 밥도 많이 주고 맛있는 우유까지 주었다. 난 열심히 먹었다. 그런데 이상한 일이 벌어졌다. 내 무릎이 구부러져 펴지질 않지 뭔가? 걱정을 많이 하던 주인이 동네에 다녀오더니 밥을 팍! 줄여버렸다. 누군가 구부러진 내 무릎이 밥을 많이 먹어 짜구가 나서 그런다고 했단다. 아! 그 배고픔은 말로 다할 수가 없었다. 그렇다고 가문에 먹칠할 짓은 말아야 했기에 진돗개의 자존심을 살려 꾹 참고 배고픔을 달랠 수밖에 없었다.

2주일이 지났다. 내 다리는 여전히 구부러진 채였다. 어느 날 가축병원에 다녀온 주인이 내가 불쌍하다며 밥이나 많이 먹으라고 생선도 주고 고기도 주었다. 그 원장님은 분명히 복을 많이 받으실 것이다. 또 한 달이 지났다. 난 여전히 구부러진 다리로 풀밭을 이리 뛰고 저리 뛰면서 주인께 재롱을 떨었다. 우리 주인은 나를 물끄러미 쳐다보더니 차에 태워서 병원으로 데리고 갔다. 의사 선생님은 내 다리를 잡아 쭉 펴더니 하얀 것을 덕지덕지 바르고 꽉 고정해버렸다. 깁스라던가? 두 다리는 깁스를 하고 목엔 깔때기 모양의 비닐 접시를 씌워 버렸다. 목을 감싼 비닐 접시는 내 입보다 길어서 거북스러운 깁스를 물어뜯지 못하게 했다. 외출했다가 돌아온 안주인이 나를 보며 마구 웃었다. 내가 꼭 우주에서 온 개 같다나? 얼마나 창피한지 얼굴이 빨개져서 숨고 싶었다. 안주인은 내가 안쓰럽다며 줄을 풀어주었다. 고마운 두 분께 충성을 다하기로 맹세한 나는 밤마다 현관문 앞에 떡하니 버티고 앉아, 오가는 사람들을 향해 힘껏 목청을 뽐냈다.

“이곳은 우리 주인댁이다. 나는 어느 개보다 더 용맹스러운 진돗개다. 아무도 들어오면 안 된다."

소리치며 그렇게 날밤을 새웠다.

비가 주룩주룩 내리던 어느 날 아침, 안주인 친구가 봉제인형 같은 하얀 진돗개 새끼 한 마리를 데리고 왔다. 야! 너무너무 귀여운 그 녀석을 보니까 내가 이 댁에 왔던 그때가 생각났다. 그러나 감상도 잠깐 나의 사랑은 반쪽이 되고 말았다. 아니 삼 분의 일 쪽이라 함이 맞을 것 같다. 그 녀석 매일 아침 주인 따라 산책도 하고 "앉아! 서!" 까다로운 훈련도 받았다. 나날이 통실통실 살 오르는 모습은 내가 봐도 환상이었다. 내게 엉겨붙어 재롱을 떨 땐 내가 마치 녀석의 아빠라도 된 듯했다. 내 이름은 금상이, 그 녀석은 첨화. 우리 둘이 있을 땐 정말 진돗개의 혈통대로 금상첨화였다. 그런데 고 어린것이 아직 철이 덜 들어서 우리의 유명한 진돗개 혈통을 망가뜨리는 일을 벌이고 말았다. 주인들이 모두 출타하고 없는 틈에 목걸이를 풀고 짤짤대더니 어떤 사람을 따라가고 만 것이다. 아! 의리의 진돗개 '돌아온 백구'도 있는데 이럴 수가……. 첨화를 찾던 주인 내외는 그만 낙심하고 말았다. 사실 나는 주인 둘이 첨화를 예뻐할 때마다 주문을 외웠었다. '나가버려라! 나가버려라!'하고 말이다. 나 때문인 것 같아 지금도 몹시 괴롭다.

첨화가 사라진 뒤 주인은 나를 예전처럼 사랑하였다. 이젠 깁스도 풀고 쫙 펴진 다리로 날씬하게 서 있을 수 있게 되었다. 나는 나날이 멋진 모습으로 변하고 있다. 귀는 쫑긋하고 둥그스름하게 말아 올린 꼬리는 그야말로 전형적인 진돗개 모습이다. 족보는 없어도 난 진돗개임엔 틀림없다. 사람들도 모두가 양반의 후손이라고 떠들지 않는가! 양반도 여러 종류가 있단다. 권세 있는 양반은 권반이라 불렀고, 향촌사회에서 명맥을 유지하는 양반은 향반, 토착 양반은 토반이라 했단다. 몰락한 잔반이 양반의 체통을 운운하며 추운 날 부채질을 하다가 뒤로 넘어가고 말았다는 이야기는 우리 견공이 들어도 웃을 일이다. 상민이 돈만 주면 양반도 살 수 있던 시절이 있었다니 상민들의 설움이 오죽 컸으면 그랬을까.

날씨가 너무 덥다. 우리 견공들은 몸에 땀구멍이 없어 더 힘들다. 혀, 발바닥, 콧등에 약간의 땀구멍이 있지만, 더위를 식히기엔 역부족이다. 어느 날 고기반찬까지 먹었더니 포만감으로 졸음이 쏟아졌다. 마침 벽돌이 있기에 거기에다 머리를 얹으니 참 편했다. 목덜미로 시원한 바람까지 들어와 매우 좋았다. 스르르 잠이 들어 막 고향 꿈을 꾸고 있는데 여주인의 목소리가 들려왔다.

"쟤 좀 봐. 개가 베개를 베는 것은 처음 보네! 하하하!"

"왜요? 개는 베개 좀 베면 안 되나요?"

아! 따분한 내 신세여! 하늘에 흘러가는 흰 구름을 보니 몹시 부러웠다. 벌떡 일어나 별을 따라 몸을 움직이자 내 집이 움직이지 뭔가? 아, 난 슈퍼 독(Super Dog)이 되었나 보다. 우리 주인 둘이 함께 들어도 무거운 내 집을 끌고 나무 그늘 밑으로 들어갔다. 푹신한 풀과 포근한 땅은 또 다른 낙원이었다. 한참을 뒹굴다가 영차영차 끌어봤다. 이런 재미가 또 어디 있을까? 지붕 한쪽 끝에 묶인 줄을 달고 30미터쯤 되는 앞집 골목까지 끌고 갔다. 저녁 바람이 시원한 게 여간 상쾌하지 않았다. 별도 더 많이 보였다. 별구경을 한참 하다가 스르르 잠이 들었나 보다.

“엄마-! 이 개 좀 봐!”

깜짝 놀라 깨어보니 옆집 여학생이 기겁하면서 자기 엄마를 부르며 나를 가리키고 서 있지 뭔가? 하기야 길 가운데에 있는 개집과 개를 보고 놀라지 않을 사람이 어디 있겠나? 승용차인들 지나갈 수 있었을까? 우리 주인이 개집이 없어졌다며 찾던 중 비명을 듣고 달려나왔다. 안주인은 나를 끌고 아저씨는 내 집을 끌고 집으로 돌아왔다. 나를 바라보고 서 있는 두 분의 어이없는 그 표정이란…….

심심하면 다시 또 나가보리라 작정하고 있는데 주인이 내 줄을 지붕 가운데로 옮겨 버렸다. 그리고 집 속에는 커다란 돌멩이를 넣었다. 내가 아무리 힘을 주어도 꿈쩍하지 않았다. 그만 포기해야 할 모양이다. 더위가 34도 35도를 넘나드는 불볕더위가 계속되었다. 주인은 나를 나무 숲 속으로 옮겨 주었다. 무척 시원했다. 앞에 높다란 바위가 나를 또 유혹했다. 훌쩍 뛰어 바위로 올라갔다. 순간 우당탕 소리와 함께 집이 앞으로 고꾸라지고 말았다. 큰 돌멩이도 내 힘엔 견딜 수가 없었다. 나무줄기가 여러 개 보였다. 난 사이사이 춤을 추며 돌아다녔다. 그런데 이게 웬일인가? 그만 줄이 엉키고 만 것이다. 아무리 빠지려고 해도 나갈 수가 없었다. 집과 나무 사이에 갇혀 버렸다. 진돗개 체면이 있지 난 절대로 낑낑대지 않으리라 작정했다. 꼼짝없이 한 시간 이상 그대로 앉아 있었다. 주인아저씨가 나왔다. 나뭇가지 사이로 얼굴을 내밀며 웃고 있는 나에게 주인이 중얼거렸다.

"별종이다. 별종!"

(2010. 9. 11.)

영원한 별종

– 별종2

'어떡하지? 진순이가 한 시간도 넘게 나를 부르고 있는데 나갈 수가 없네. 어서 주인들이 외출해야 할 텐데…….'

드디어 주인들이 나갔다. 난 지금까지 해온 숙달된 솜씨로 목걸이를 벗어던지고 내달렸다. 진순이, 방울이, 외국 개도 아닌 것이 존이라고 부르는 잡종견까지 모두 모여 있었다. 우리들의 놀이터는 건너편 통장 아줌마 밭이었다. 오랜만에 만난 우리는 이리 뛰고 저리 뛰며 즐겁게 놀았다. 그사이 진순이가 더 예뻐진 것 같았다.

오후에 이장 아줌마가 찾아와서

"개 좀 묶어 놓으시라니까요. 오늘 또 우리 밭을 엉망으로 만들어

버렸어요.”

라고 일러바쳤다. 또 언제까지 이렇게 묶여 살아야 할까? 한동안 진순이도 못 만날 것 같아 괴로웠다.

비가 주룩주룩 내렸다. 장마란다. 그냥 비를 맞아봤다. 기분이 괜찮았다. 쭈룩쭈룩 더 세차게 내렸다. 온몸이 녹아내릴 듯이 퍼부어 댔지만, 그냥 버티고 서서 비를 맞았다. 안주인이 애가 타서 빨리 집으로 들어가라고 애걸복걸했다.

‘이렇게 고집을 부리면 나를 불쌍히 여겨 풀어 줄 것이다. 그러면 나는 나의 진순이를 만나러 달려가야지.’

그러나 그건 나의 헛된 망상이었다. 안주인이 목걸이도 풀어주지 않고 그냥 들어가 버렸다. 비를 더 맞아야 할 이유가 없어졌다. 포기하고 집으로 들어가려고 하는데 집 안에 홍수가 났다. 나는 닭처럼 지붕 위로 날름 올라가서 소리쳤다.

“워– 우리 집에 홍수 났다. 워– 진순아, 보고 싶다.”

내 울음소리가 심상찮았던지 주인이 나왔다.

“여보, 개집에 물이 가득 찼어. 빨리 나와 봐.”

안주인은 우산을 받쳐들고 주인은 내 집을 기울여 물을 쏟아냈다. 이리저리 살펴보던 주인이 드라이버와 망치를 가지고 나와서 들떠 있는 지붕을 고쳐주었다. 빗물이 새어들지 않아 좋았지만 주인 내외가 비에 흠뻑 젖어버렸다. 우산도 소용없었다. 조금 미안하면서도 고마웠다.

다음날 모처럼 장마가 그쳤다. 전날 지붕 위에 올라가 봤으니 이번엔 담장까지 뛰어 올라가 봤다. 그리곤 목을 비틀어 목걸이를 빼고 훌쩍 뛰어내렸다. 이렇게 재미있고 스릴 넘치는 일이 있을 줄이야…….

진순이를 불러 한참 신 나게 놀고 있을 때였다. 주인과 안주인의 목소리가 들려왔다.

"아니, 개가 어디 갔지? 목걸이는 왜 담장 위에 있는 거야?"

"누가 잡아갔나?"

"그럼 왜 목걸이가 채워진 채야? 얘가 담장 위로 올라가서 목걸이를 빼고 도망갔나 봐."

사태가 심각해질 것 같아 진순이와 헤어져서 집으로 달려왔다. 안주인이 반색하며 어디 갔다 오느냐고 내 목덜미를 쓰다듬어 주었다. 나도 반가운 척 안주인의 뺨을 핥아대며 껑충껑충 뛰었다.

이튿날 주인이 줄을 바꿔 묶으면서 내게 타일렀다.

"제발 말썽 좀 피우지 마라. 너를 묶어 놓는 내 심정도 괴롭다. 네가 집에만 있으면 이렇게 목걸이를 채울 필요도 없지 않으냐? 남의 밭에는 왜 들어가서 난리를 치니?"

난 또다시 묶이는 게 화가 났다. 그래서 시위를 했다. 내 밥그릇에 대소변을 봐놓고 주인이 치우도록 심술을 부렸다. 주인은 비위가 상해 힘들어하면서 내 배설물을 치웠다. 그 모습이 너무 재미있었다. 주인은 별수 없이 집 뒤 빈터에 화장실을 넓게 만들어 주었다. 이젠 맘 놓고 실례를 하고 있어 다행이다.

장마가 그치니 햇볕이 사막의 열기만큼 대지를 달궜다. 예전의 집터가 그리웠다. 시원한 나무 그늘 밑에 폭신한 땅바닥은 나의 전원생활의 극치였는데 여긴 온통 시멘트 숲이다. 바닥도 벽도 시멘트다. 이 집에서 가장 취약한 곳에 내 집이 옮겨진 것은 그 좀도둑들 때문이었다.

주인들이 서울 아들네 집에 가 있던 사이 좀도둑이 뒷문 고리를 비틀고 집 안으로 들어갔었다. 난 너무 멀리 떨어져 있었기 때문에 짖어도 소용이 없었다. 가져갈 것이 없으면 그냥 갈 일이지 안주인이 36년이나 힘들게 근무한 공적으로 받은 훈장을 가져갈 게 뭐냐 말이다. 그러기에 무식한 좀도둑이었지. 그 후 날 이곳으로 데려다 놓고 도둑의 길목을 지키게 했다. 정말 생각할수록 얄미운 좀도둑들이다.

한가하다는 것은 무료하기 짝이 없는 일이다. 지난번 집을 끌고 나간 사건 이후로 주인아저씨는 내 집이 움쩍 못하도록 커다란 돌멩이를 넣어 놓았다. 나의 힘을 시험해 보기 위해 끌어보기로 했다. 움직였다. 집을 매달고 20m쯤 떨어진 김치공장까지 끌고 내려갔다. 동네 친구들을 막 불러내려는데 주인이 달려왔다. 나는 주인 손에 붙들린 채 내 집과 함께 질질 끌려갔다. 오르막길이라서 주인이 꽤 힘들어했다.

한낮의 땡볕은 세상 모든 것을 불태워 버릴 것만 같았다. 땅 위에서 이글이글 뿜어져 나오는 열기는 땀구멍도 없는 나를 괴롭혔다. 벽돌을 베고 낮잠을 청하였다. 잠은 오지 않고 시원한 산속이 그리워졌다. 갑자기 진순이가 보고 싶어졌다. 벌떡 일어나 목걸이를 벗으려고 머리를 흔들었다. 순간, 대문도 없는 집을 그냥 나가는 일이 싱거워졌다. 진순이에게 좀 더 멋있고 스릴 있게 탈출한 이야기를 무용담처럼 들려주고 싶어졌다. 담장 위로 훌쩍 뛰어올랐다. 좁다란 담장 위에서 목걸이를 벗으려고 고개를 흔들었다. 그런데 웬일일까? 지난번엔 잘 벗어졌는데 벗겨지지 않았다. 앞발로 아무리 힘을 써도 되지 않았다. 그러다가 그만 발이 미끄러져 버렸다. 나는 담장에 대롱대롱 매달리고 말았다.

"금상이 살려! 아니 별종 살려!"

아무리 소리쳐도 주인이 없었다. 목이 점점 죄어 오면서 머리가 빙빙 돌고 정신이 흐릿해졌다. 이젠 죽었구나 생각하고 있는데 뒷집 아저씨가 발견하고 나를 풀어주었다. 커다란 진돗개가 바둥대며 캥캥거리는 모습이 무서웠을 텐데도 나를 살려준 것이다. 정말 고마운 분이었다.

햐! 죽는다는 것이 이렇게 무서운데 사람들은 왜 자살을 할까? 우리나라 사람들 자살률이 OECD 국가에서 세 번째로 높다고 한다. 세상이 무너질 듯 괴로운 일도 시간이 지나면 아무것도 아닌 것을 순간을 이기지 못하고 참지 못해서 그랬을 것이다. 죽을 각오를 살 각오로 바꾸어 살아보면 어떨까?

돌아온 주인들이 나를 보고 깜짝 놀랐다. 찢어진 내 발가락 사이에서 피가 흐르고 있었던 것이다. 안주인이 빨간 약과 하얀 가루를 뿌려 내 발을 치료해주었다. 뒷집 아저씨에게 내 자살 같은 소동을 전해들은 주인아저씨는 큰일 나겠다며 내 집을 벽에서 떼어 놓아버렸다. 멀어져 버린 벽을 멀거니 바라보는 나에게 주인아저씨가 한 마디 했다.

"별종이다. 영원한 별종이야."

(2011. 7. 31.)

쓸개는 없어도 지조는 남아

소녀가 병실 침대에 누워 있다. 친구들이 꽃다발을 들고 문병을 왔다. 소녀의 창백한 얼굴에 미소가 번진다. 적당히 아파서 친구들의 병문안을 받는다는 건 영화처럼 멋스럽고 낭만적일 것 같았다. 내가 소녀 시절에 부러워했던 망상이었다.

그런데 이순이 넘은 내가 담낭결석으로 병원에 입원했다. 이전부터 가끔 배가 더부룩하고 명치끝이 바늘로 찌르듯이 아프면 소화불량이거나 급체려니 여겼다. 수술로 다스려야 할 병을 사혈 침으로 죄 없는 손끝만 따서 피를 흘리게 했으니 참으로 나의 무지가 부끄러울 뿐이다.

수술 전날 약물 테스트를 했다. 유난히 알레르기가 심한 체질이라서 함부로 주사를 맞을 수 없기 때문이었다. 페니실린, 아스피린, 조영제 요오드, 데메론, 심지어 국소마취제 리도카인까지 부작용이 심하니 의사들이 반기지 않는 환자임이 분명하다. 다행히 수술에 사용될 주사약 7가지 모두 괜찮단다.

밤 10시부터 금식을 하고 일찍 잠자리에 들었다. 이튿날 오전 11시 40분에 주사 한 대를 더 맞고 수술 준비를 했다. 수술실로 옮겨가는데 기분이 이상했다. 영화에서만 보던 그 장면이 내게 실행되고 있었다. 남편과 악수를 하고 수술실로 들어가는데 내가 무사히 나올 수 있을지 걱정이 되었다. 남편 역시 다시는 볼 수 없는 일이 생길까 봐 무척 두려웠단다.

수술대로 옮겨지는데 너무 차갑고 두려워 이가 마주칠 정도로 덜덜 떨렸다. 천장엔 쟁반 같은 전구판에 커다란 전등 두 개가 나를 내려다보고 있었다. 입에 피스를 물고 그만 정신을 잃었다.

행여나 검은 옷을 입은 저승사자를 만나 유황불이 지글지글 끓는다는 지옥에 빠지면 어쩌나 걱정했다. 온갖 꽃이 피고 황금으로 빛난다는 천당이라도 구경할 수 있을까 내심 기대도 했지만 아무도 만나지 못했다. 삼사십 분의 짧은 시간에 다녀올 곳은 아니었던 것 같다.

시간이 얼마나 흘렀을까?

"아–아–! 어–! 어–!"

내가 지른 고함에 놀라 정신이 들었다. 언제부터 얼마나 고함을 질러댔는지 모른다. 복강경 수술로 세 군데 구멍을 뚫고 내시경을 삽입하여 절개한 수술이었다. 개복은 안 했어도 무의식중이었지만 장기 하나가 잘려나가는 고통이 컸었나 보다. 주변에 다른 환자들도 신음하며 고통을 참아내고 있었다. 산소호흡기를 대고 한참 누워 있었다. 간호사들이 내 이름을 부르며 흔들어댔다. 그러나 대답할 수가 없었다. 목이 메었을까? 이상했다. 말이 나오질 않았다. 남편이 회복실로 들어와 내 손을 잡아주며 수고했다고 위로했다. 허무하고 왠지 서러웠다.

64년을 내 몸에서 나와 함께했던 쓸개였는데 이제 내 몸에서 떨어져나갔다. 오장육부 중 1부가 잘려나간 것은 순전히 돌멩이 하나의 건방진 침입 때문이었다. 자살 폭탄 테러분자라도 된단 말인가? 허락도 없이 나의 담낭(쓸개)에 들어앉아 저도 죽고 내 담낭도 죽게 만들었으니 참으로 괘씸하기 짝이 없는 놈이었다. 2cm나 되는 새까맣고 빤질빤질한 괴석怪石이었다. 마치 소금 결정체들이 두서없이 들러붙어 있는 요괴 같은 형상이었다.

국민건강검진 덕이었다. 초음파로 비친 돌의 크기가 2cm나 된다며 하루라도 빨리 수술하라고 해서 서둘러 수술했는데 정말 잘한 것 같다. 그러나 내 몸의 일부가 떨어져나갔다는 것은 정말 섭섭한 일이다.

몇 년 전에 두 차례나 응급실에 실려가 결국 쇄석기로 요로결석을 깼었는데 이번엔 쇄석기도 범접 못할 담낭 속이었다. 만약에 수술을 하지 않고 그냥 살았더라면 저 돌이 쓸개를 갉아대어 나를 얼마나 고생시켰겠는가? 의사도, 보는 사람들도 모두 적기에 수술하길 정말 잘했다고 위로했다.

병실로 돌아왔으나 메스껍고 어지러워 앉아 있을 수가 없었다. 온종일 금식했다. 입이 바짝바짝 마르고 혀가 하얘졌다. 냄새가 나서 양치질을 했지만 개운하지 않았다. 35시간 만에 한없이 마실 줄 알았던 물도 조금밖에 마시지 못했다. 일주일간 죽으로 소화기능을 달래야 했다.

쓸개 속에서 하루에 50~60cc 정도가 분비된다는 농축액을 이제는 생산할 수 없으니 당분간은 소화에 지장이 있을 것 같다. 몸무게도 2kg이나 줄었다. 쓸개도 떼어내고 돌도 나오고 금식까지 했으니 줄어들 수밖에…….

돈 주고도 못 고치는 병이 있다. 그런데 돈을 주고 고치는 병이었으니 얼마나 다행인가. 담기膽氣가 활발하면 병 기운이 침범하지 못하여 여러 가지 병을 막을 수 있다는데 이젠 다른 장기라도 튼튼히 훈련시켜 병균 침입을 막아야겠다.

텔레비전에서 얼마 전 물놀이 사고로 뇌사상태에 빠진 16세 허재원 군의 아버지가 아들의 장기를 기증하여 6명의 고귀한 생명을 살렸다는 뉴스가 방송되었다. 정말 어려운 결정을 한 장한 아버지였다. 자기 생명보다 아까운 자식의 주검을 고귀한 기증으로 끝을 맺어주었다. 참으로 거룩하다.

사람은 누구든 죽는다. 사후 육신은 금방 사그라져 한 줌의 재나 흙으로 변한다. 마지막 가는 길에 어려운 환자들을 위해 장기를 기증하고 가면 얼마나 좋은 일이겠는가. 나도 장기기증운동에 동참하여 죽을 때 환자들을 위해 주고 가리라 생각했었는데 한 개가 잘려 나갔다. 그러나 쓸개를 이식수술하는 사람은 없는 것 같으니 남은 장기라도 고장 나지 않도록 잘 보호해야겠다.

"엄마, 이제 웃을 일만 남았네요?"

큰아들이 위로한답시고 놀려대며 웃었다.

나는 쓸개 빠진 사람이 되었다! 그렇지 않아도 야무지지 못한 내가 결단력도 없고 용기도 없어, 줏대 없이 사리판단을 못 할까 봐 겁이 난다. 그러나 쓸개에 붙었다가 간에 붙었다가 할 일은 없으니 그래도 지조는 남아 있지 않을까?

(2011. 8. 19.)

아들의 휴가

오랜만의 만남은 설렘이다. 아들과 며느리, 손자, 손녀와의 만남은 그 어느 만남보다도 기쁨이 배가 된다. 아들이 휴가를 보내러 전주에 온다고 했다. 지난번 어버이날에 다녀갔으니 3개월 만에 만나는 것이다.

갑자기 할 일이 많아졌다. 마당의 풀도 뽑아 손자들이 노는 데 어려움이 없게 해야 했다. 아이들이 덮을 이불도 빨고 베갯잇도 손질해 두었다. 화장실을 소독하고 구석구석 먼지도 닦았다. 장맛비에 더럽혀진 창틀의 먼지도 닦았다. 날마다 할 일이 자꾸 늘어났다. 이제 다 됐다고 생각하며 눈을 들어 싱크대 벽을 보는 순간, 찌든 기름때가 촘촘히 박혀 있지 않은가?

며느리가 온다니까 그동안 눈을 감고 살았나 싶을 정도로 더러운 때가 눈에 들어왔다. 세제를 뿌리고 한나절을 닦고 나니 온몸이 땀에 젖었다. 팔은 아프고 피곤이 쌓여 눈꺼풀이 자꾸 내려앉았다. 이건 장학지도 받는 교사도 아니고 내무사열 받는 군대도 아니련만 왜 그리 마음이 다급해지는지 모르겠다. 아이들 올 시간은 자꾸 다가오는데 아직도 할 일은 끝이 없다. 이미 우족탕과 장조림은 해 놓았지만, 또 무슨 반찬을 해서 먹여야 할지 머릿속에 메뉴가 가득해서 복잡하다. 예정 시간보다 아이들이 6시간이나 일찍 도착했다. 더는 일을 못 하고 준비한 대로 먹이기로 했다. 오히려 일감이 줄어들어 다행이라고나 할까?

이튿날 물고기와 다슬기를 잡으러 완주군 안덕원 계곡으로 갔다. 이미 좋은 곳은 부지런한 사람들이 차지해서 우리가 쉴 곳은 없었다. 청정수련원을 지나 더 위로 올라가니 다리가 나왔다. 밑으로 내려갔다. 시멘트로 만들어 놓은 다리 양쪽 둑길에도 이미 자리를 잡은 두 집이 있었다. 물 건너편 젊은 가족들에게 양해를 구하고 옆자리에 돗자리를 폈다. 구름이 걷히자 햇빛이 쨍하고 머리 위에 나타났다. 우린 그늘 속인데 양보해 준 젊은이 식구들이 햇빛에 그대로 노출이 되었다. 돗자리를 안쪽으로 당기면서 그늘 속에 들어오라고 했지만 괜찮단다. 양보만 하는 그 젊은이가 무척 고마웠다. 아이 둘을 데리고 나온 것이 그들도 아마 휴가를 즐기러 온 모양이었다.

휴가는 모든 사람에게 여유를 선사하나 보다. 현대인은 어른 아이 할 것 없이 얼마나 많은 스트레스를 받고 사는가. 그것을 털어낼 수 있는, 한숨 고르며 나갈 기회가 휴가가 아니던가. 자연 속에서 머무는 동안 정화되고 편안해질 것이다. 달리는 기차도 정거장을 만나 쉬어가듯이 우리 인간도 쉬어갈 수 있는 정거장이 필요하고 충전의 기회도 있어야 한다.

큰아들이 꼭 우리가 젊었을 때 하던 짓을 그대로 하고 있었다. 우리도 젊었을 때 지금의 아들처럼 아들딸 데리고 다니며 산과 들, 강을 얼마나 쏘다녔던가. 아마 손자 가람이가 어른이 되면 또 제 아이들을 데리고 산과 들과 냇물을 헤집고 다니리라…….

냇물이 맑고 시원했다. 아들은 냇물 위쪽에 고기 병을 묻고 왔다. 손자는 다슬기를 잡겠다고 물속을 더듬고 다녔으나 한낮이라 잘 보이지 않았다. 초등학교 2학년이 되더니 제법 의젓해졌다. 네 살배기 서하는 돌다리 위로 흐르는 물을 발목으로 감싸며 장난감 양동이에 열심히 물을 퍼 담았다. 행복한 미소가 함께 담겼다. 며느리도 육아의 피곤을 물속에 흘려보내고 모처럼 자유로웠다. 오랜만의 가족 나들이로 우리 내외도 식구 부자가 되어 냇물의 속살을 더듬었다.

이럴 때 라면은 별미다. 막 점심을 준비하려는데 하늘이 새까매지면서 소나기가 쏟아졌다. 빗줄기가 굵어지더니 갑자기 다리 위 배수 구멍을 타고 빗물이 폭포처럼 쏟아졌다. 우리 집 위는 조금씩 흘렀지만 양보해 준 옆집은 물 폭탄을 맞았다. 좋은 일을 했는데도 우리 때문에 피해만 보니까 정말 미안했다.

빗줄기는 그칠 줄 모르고 점점 세어졌다. 금방 그칠 기세가 아니었다. 이곳은 갑자기 물이라도 불어나면 큰일 날 계곡이 아니던가. 비를 맞으면서도 양동이에 물을 열심히 퍼 담고 있는 손녀 서하를 안아 둑 위로 올리니 더 놀고 싶어 목청껏 울어댔다. 세찬 빗줄기는 주변의 모든 것을 쓸어가 버릴 듯 굵어지는데 손녀 울음소리는 그칠 줄 모르고 점점 더 커졌다. 라면을 뜨끈하게 끓여 먹으려던 꿈은 포기하고 정신없이 길 위로 올라왔다. 아들이 고기 병을 건져 와야 한다면서 다시 물속으로 들어갔다. 갑자기 불어나는 물살에 불상사라도 생길까 봐 남편이 뒤따랐다.

고기 병을 들고 나온 아들이

“아빠 큰일 날 뻔했어. 물속에서 미끄러져 뒤로 뻥 떨어지셨는데 얼마나 놀랐는지 몰라. 마흔 살 먹은 아들이 걱정된다며 일흔을 바라보는 아빠가 폭우가 쏟아지는 물속에 들어오실 일이야? 내가 아빠를 보살펴야 할 처지에 말이야. 아빠, 정말 괜찮으신 거예요?”

아들의 말에 모두 가슴을 쓸어내렸다. 부모란 아들이 예순 살이 되어도, 일흔 살이 되어도, 항상 어린애처럼 보여 걱정스럽다는 것을 아들도 모를 리 없을 것이다. 먼 훗날 제가 아버지 나이가 되었을 때 아들딸을 향한 사랑을 실감하리라.

시골 버스 정류장은 버스가 올 기미도 보이지 않고 두 시간에 한 대씩이나 다니는지 인적도 없었다. 모두 이것도 추억이라며 그곳에서라도 라면을 끓여 먹자고 했다. 남편이 용납할 리 없었다. 길바닥에서 무슨 짓이냐며 그냥 집으로 가자고 했다. 아이들에게 젖은 옷만 갈아입히고 집으로 돌아와 버렸다.

이럴 줄 알았다. 집에 도착하니 비는 멈추고 해가 반짝 얼굴을 내밀며 웃고 있었다. 우리 인생살이도 이러하지 않을까? 누구든 한 번쯤은 이슬비도 맞고 소나기도 맞으며 살아가지 않던가? 때론 우레와 함께 쏟아지는 작달비로 괴로워하지만 언젠가는 해가 나기 마련이다. 그 순간을 이겨내지 못하고 자살을 하고, 심지어는 어린 아들딸을 데리고 동반 자살까지 하니 참으로 안타까울 뿐이다.

야외에서 끓여 먹을 라면은 기어코 집 안 주방에서 끓이고, 한 공기도 안 되는 물고기에 열댓 마리의 다슬기를 넣어 매운탕을 끓였다. 그것도 고기라고 오랜만에 물고기와 다슬기를 잡았다면서 손뼉을 치고 맛있는 웃음을 먹었다.

(2013. 8. 6.)

어미 새의 순산

얼마나 가고 싶었던 동유럽여행이던가? 남편 친구 4명과 그 부인들이 함께 가는 10박 12일의 긴 여행이었다. 10시간 넘게 비행하는 먼 여행은 터키 여행 뒤 5년 만이다.

인천국제공항에서 처음 만난 하나투어 일행 30명이 비행기에 올랐다. A석 창가이지만 단체여행 좌석은 항상 뒤편 날개 쪽에 가까웠다. 한참 구르던 비행기는 드디어 하늘을 향해 고개를 쳐들었다. 그 많은 가방과 사람을 잔뜩 품은 어미 새는 그렇게 하늘을 향해 솟구쳤다. 산과 들과 집들이 지도처럼 납작 엎드렸을 때 창문 커튼을 내렸다. 오랜만에 미지의 나라로 여행한다는 것은 가슴 설레는 일이었다. 이 여행이 남편과 함께라면 얼마나 행복할까? 남편은 고소공포증이란 본인 외엔 아무도 이해할 수 없는 병을 지니고 있다. 수없이 갈까 말까 망설이던 그이가 떠나기 며칠 전 도저히 못 가겠다고 두 손을 들고 말았다. 새벽 6시 리무진 앞에서 친구 4쌍에게 "잘 부탁한다. 잘 다녀와라."라며 돌아선 그의 마음은 어땠을까? 좁은 좌석을 바라보니 긴 다리로 고생했을 그가 안 오길 잘했다는 생각이 들었다.

12시간의 비행은 생각했던 것보다 훨씬 힘들었다. 맨 안쪽 자리에서 드나들기란 옆 사람도 나도 모두 불편한 일이었다. 스트레칭도 하면서 몸을 풀어보지만 비좁은 자리에서 몸이 편하길 기대한다는 것은 분에 넘치는 일이었다.

도착 시각이 한국 시각으로 00시 30분이니 딱 잠자는 시간이다. 그러나 현지 시각은 오후 5시 30분이라 했다. 될 수 있는 한 기내에선 잠을 참아야 한단다. 그래야 현지에서 밤에 잠을 잘 수 있다는 것이다. 졸음을 최대한 버텨야 했다. 발가락 운동을 했다. 열 발가락을 꼼지락거리다 보니 평소에 안 쓰던 근육이 놀라 쥐가 나려고 했다. 기내식도 두 번이나 먹고 피로를 풀기 위해 포도주도 한 잔 마셨다. 한참을 가도 3시간이 지났고 또 한참을 가도 5시간밖에 날지 못했다.

앞좌석 의자가 갑자기 뒤로 확 젖혀졌다. 등받이에 붙은 모니터 화면이 내 눈앞으로 가까이 다가와 버렸다. 그 사람도 아픈 허리를 펴기 위해 등받이를 젖힌 모양이었다. 눈앞에서 영화 화면이 뱅글

뱅글 어지럼증을 돋웠다. 모니터를 꺼버리고 눈을 감았다.

사람들은 자신도 모르는 사이 이렇게 남에게 피해를 준다. 무심코 던진 돌멩이에 개구리가 맞아 죽는다지 않던가. 나도 평소 누군가에게 피해를 주는 행동을 하지 않았는지 반성해 볼 일이다. 서로의 불편을 참지 못하고 큰소리로 따졌다면 앞으로의 여행길이 불쾌해질 게 뻔했다.

사람들이 다투는 이유는 상대방을 이해하지 못하는 데서 비롯된다. 자기의 처지와 고집만을 앞세워 '나'를 깨뜨리지 못하고 모든 사건을 내 쪽으로만 유리하도록 잡아끌기 때문이 아니겠는가? 개인은 다툼을, 국가는 전쟁을 일으키는 이유가 모두 이기심과 지나친 욕심 때문이다.

장시간 내려졌던 다리가 점점 부어올랐다. 다리 한쪽을 들어 올리고 앉았다가 다른 쪽으로 바꾸기를 수십 번……. 기류가 고르지 않은지 비행기마저 흔들렸다.

1900년대만 해도 일반 사람들이 외국여행하기엔 경제적인 부담이 컸다. 딸을 낳아 섭섭해하는 산모에게 며느리가 못 시켜 주는 외국여행을 딸은 시켜주니까 속상해 말라고 위로(?)의 말도 했다. 비행기 타기가 이렇게 어려우니 이젠 딸을 낳지 말라고 해야 할 것 같다. 며느리와 딸의 효도 정도를 비교하는 세인들의 통념에서 나온 말이겠지만 아이들의 개성 문제가 아닐까? 애들에게 경제적인 부담을 주지 않고 여행을 가는 우리는 천만다행이다.

진통하던 어머니가 출산하듯 비행기가 우릴 순산했다. 드디어 독일 프랑크푸르트공항에 도착했다. 가을은 시내를 아름답게 물들여 놓고 있었다. 이제부턴 즐거운 여행이 기다리고 있을 뿐이다.

가이드가 시키는 대로 기내에서 잠을 그렇게 참았건만 새벽 2시 반쯤 잠에서 깨어 호텔 방안을 서성거렸다. 한국 시각 아침 9시 반이니 잠이 깰 수밖에…….

7개국을 여행하기 위해선 이제부터 시차 적응을 해야 할 것 같다.

(2012. 11. 17.)

잃어버린 배움터

벌써 며칠째 눈이 내리고 있다. 지금 그곳에도 이렇게 눈이 내리고 있을 것이다. 모두가 가버린 운동장에 하얗게 펼쳐 놓은 눈 이불. 그 끝자락을 살며시 들춰보면 그때 그 아이들이 쏟아져 나올 것만 같다.

내가 근무했던 고산초등학교 수선분교는 통폐합된 학교로 지금은 '빈첸시오집'이라는 노인요양소로 문패가 바뀌었다. 수선분교는 내게는 잊히지 않는 근무지다. 그곳은 내가 결혼하여 새로운 인생을 출발하면서 큰아이를 낳았던 곳이며, 두 번째로는 옛정이 그리워 선택했던 벽지학교였다.

고산을 지나 화산 쪽으로 굽이굽이 몇 고개를 넘다 보면 고산초등학교 수선분교가 나왔다. 전교생 35명. 국씨와 유씨 등이 많은 집성촌이었고 한 집에서 아이들이 2명, 3명씩 다니기 때문에 가족과 친척들의 모임인 듯 무척 다정스러웠다. 아이들의 도란거림과 웃음소리가 한 소쿠리씩 쏟아지는 그런 곳이었다. 대부분이 영농가족으로 부모들은 아이들보다 먼저 논밭으로 일하러 나가기 때문에 애들은 어려서부터 어른스러웠다. 추위도 아랑곳하지 않고 스스로 알아서 시키지도 않은 청소를 잘하는 1학년 꼬마들. 부모와 떨어져 할머니 할아버지와 살고 있는 조손가정의 아이들. 그러나 들꽃처럼 여린 아이들만 사는 동네였다.

세계적인 경제 불황은 우리나라 교육계에도 그 영향을 미쳤다. 교육부는 교육재정 측면과 학생 수가 적어서 정상적인 교육과정을 진행할 수 없다는 이유로 소규모 학교의 통폐합을 단행했다. 수선분교도 이렇게 바람 따라 흐르는 구름이 되어 영영 사라지고 말았다.

2009년까지 초등 529개교 중학교 123곳, 고등학교 24곳 등 전국 676개교를 통폐합해야 한단다. 통폐합 실적을 시도교육청 평가에 반영해 재정을 차등 지원하겠다고까지 했다는 것은 지역 여건을 전혀 고려하지 않은 강제집행과도 같은 무리한 처사였다. 농어촌학교는 단순히 공부만 하는 교육기관이 아니다. 농어촌의 유일한 문화공간이자 정신적 중심 시설이었다. 마을의 중심에서 아이들이 공부하고 있다는 것은 마을 사람들에겐 안심이었고 든든한 버팀목이었으며 즐겁게 일하며 살아야 하는 이유였다. 학교 행사가 있는 날은 마을의 큰 잔칫날이기도 했다. 이런 학교를 없앤다는 것은 실향민처럼 마음 시리게 하는 일이며 농어촌의 황폐화를 가속하는 일이다. 버스로 장거리 통학을 시켜야 한다는 불안감은 농어민에게 귀농현상보다 이농만 불러일으키는 불행의 시발점이 되고 있다.

한쪽 발 인대가 늘어나 깁스를 했었다. 왼쪽 발이었기 망정이지 출근도 못 했으면 어쩔 뻔했나? 1학년이 7명, 2학년이 1명. 복식수업이었는데 두 학년이 공치는 날이 되지 않았을까? 1학년 귀염둥이 국창환이 물었다.

“선생님, 실내화 새로 샀네요. 한 짝만 샀어요?”

“아니, 두 짝.”

“뭐 하러 두 짝이나 샀어요? 한 짝만 신으면 되잖아요.”

“너, 선생님 다리 낫지 말라고?”

“아, 그렇구나. 나으면 두 짝 다 신어야지!”

파란 하늘에 노란 은행잎들이 점점이 박혀 있던 그 가을. 진한 엑기스 햇살을 감아 온몸을 통실통실 부풀리더니 제 몸 하나 주체할 길 없어 끝내 우수수 가지를 놓치고야 만 누런 구슬들. 한 아름도 더 되는 은행나무 아래 세월엔 장사 없다며 나뒹굴고 있었다.

황옥 구슬이 반가워 작은 발자국 소리들이 주변에 가득 차더니 하얀 은행 열매를 발라내어 수돗가로 달려갔다. 팔뚝까지 걷어올린 작은 손들이 오독오독 은행 알을 문질러 건져냈다. 깨끗이 목욕한 은행들이 반질반질 햇빛에 반짝였다. ‘요놈들 내 맛 좀 봐라. 너희라고 옻에 강할쏘냐. 자연과 친하게 지낸다고 날 얕잡아보면 안 되지.’

은행나무가 독을 품었나 보다. 한 아이가 옻이 올라 병원엘 다녔단다. 나중에야 통원치료 소식을 듣고 얼마나 미안했던지…….

단풍이 온 산을 물들이기 시작하면 가을 산속은 푸짐한 간식창고로서 어린아이들을 손짓했다. 바쁜 엄마가 간식을 챙겨주지 않아도 스스로 알아서 감도 따 먹고 알밤도 주워 먹었다. 논두렁 가에 서 있는 대추나무에서 수줍은 아가씨의 빨간 얼굴처럼 곱게 물든 대추 맛도 볼 수 있었다.

덩치 큰 5학년 학생 여섯 명이 때론 말썽도 피웠지만, 이곳 수선의 물이 맑아서 아무리 짓궂게 굴어도 오염될 물이 없었다. 담가봤댔자 제 몸에서 떨어져나온 먼지뿐 흙탕물은 되지 않았다. 그랬기에 미운 오리 새끼라도 독성을 지닌 나쁜 사람이 되지는 않았다. 애늙은이처럼 선들선들 바람이 부는 것이 비가 올 것 같다면서 불어오는 바람의 눈치도 잘 살폈다. 벼 이삭이 부끄러워 고개를 숙이면 시집가는 색시를 데려오듯이 어린 농군도 한몫을 했다. 열두 살 어린 나이에 아빠의 안내대로 조심조심 트랙터의 핸들을 돌리며 나락 타작을 했다. 통합된 읍내 본교에서 잘들 견뎠는지 못내 걱정스러웠다.

추수가 거의 끝날 무렵이면 학교와 마을은 잔치를 벌였다. 가을 현장학습을 학부모와 함께 가는 것이다. 날짜와 행선지는 학부모와 상의해서 결정했다. 관광버스 두 대로 갔다. 버스 한 대는 학부형들만 타고 가면서 그간의 모든 스트레스를 확 날려 버리는 대이벤트로 하루를 즐겼다. 변산으로 격포로 돌아오며 길 한쪽에 버스를 세우고 그 옆에서 엄마들이 펄펄 끓는 찜통 물속에서 살짝 데쳐주던 주꾸미 맛은 지금도 잊을 수가 없다.

알싸한 공기 비늘이 떨어졌다. 싸한 냉기가 겨울이 가까이 왔음을 알려 주었다. 따사로운 햇볕이 숙직실 벽면에 가만히 내려앉았다. 아이들 서너 명도 옹기종기 햇볕에 찰싹 달라붙어 있었다. 그런데 지금 그 햇살은 옛날이나 마찬가지로 놀러 왔는데 아이들이 없다. 읍내학교로 모두 통합되어 가버린 탓이다. 함께 지냈던 바람과 햇빛과 시냇물을 차창 밖으로 훔쳐보면서 읍내 학교로 등교했던 아이들은 그 등굣길이 행복했을까? 기죽지 않고 잘들 지냈을까? 산속의 그 많던 간식은 언제 먹었을까?

대안학교나 농어촌개발센터로 거듭난 폐교는 참으로 다행스럽다. 그러나 이미 통폐합되어 빈터로 남아 있는 많은 폐교가 아직도 쓸쓸하게 옛 주인을 그리워하며 그대로 서 있다. 다른 곳도 하루빨리 부활하여 이전의 귀여운 아이들 대신 많은 사람을 포근히 안아 주었으면 좋겠다. 수선분교에 세워진 가톨릭센터의 '빈첸시오집' 노인요양소에도 항상 주님의 은총과 행복이 가득하길 바란다.

2010『대한문학』등단작품 (2010. 3.)

지각 선물이라도 좋아

은은한 불빛은 현란한 샹들리에 불빛보다 훨씬 정겹다. 그이와 난 크리스털 와인 잔에 발그레한 와인을 반쯤 부어 '쨍그랑' 마주치며 우아하게 한 모금 들이킨다. 결혼하던 날, 자동차 바퀴가 미끄러질 정도로 쏟아졌던 함박눈 이야기를 하며,

"고모, 눈이 오면 잘 산대!"

라고 했던 조카의 이야기도 곁들여야지. 겨우 도착한 서울 종로예식장에서 신부대기실의 신부도 찾지 않았던 신랑에게 또 핀잔을 주어야지. 아니, 전주에서 올라올 자기 식구들 걱정하느라 창밖의 눈만 바라보며 애태웠던 신랑의 마음도 다독여줘야겠구나. 전국적인

폭설 때문에 가까운 온천으로 신혼여행을 갔던 일도 얘기해야지. 세상에, 식구가 몇이라고 가방 하나 챙겨 놓은 사람이 없었을까? 언니들이 몇이나 되는데 도대체 뭘 했단 말인가? 갈아입을 옷은커녕 아무것도 들어 있지 않은 커다란 빈 가방을 열어보고 얼마나 당황했던가. 한복 차림이 창피하여 이튿날 전주로 곧장 와버렸던 이야기도 하면서 즐겁게 웃어야지. 우리보다 뒤늦게 집에 오셔서 놀라시던 어머니의 모습도 흉내 내야겠다. 새해 첫 달의 으뜸 행사로 영화배우처럼 멋지게 축배를 들리라. 나직이 속삭이면서 최고로 우아하게 나이프를 움직여야겠다.

그러나 이건 나 혼자만의 바람이었다. 갈비탕 한 그릇을 뚝딱 해치우고 집으로 직행한 허무한 꿈이 되고 말았다.

"오늘은 분위기 있는 곳에서 우아하게 즐기고 싶었는데……."

"우아는 무슨 우아?"

갑자기 핸들을 신경질적으로 꺾으며 내지르는 고함에 눈물이 그만 뚝 떨어지고 말았다. 연애 시절 시집詩集을 읽어주던 로맨틱한 사람은 어디로 갔고, 별도 달도 다 따줄 것 같던 자상한 그 사람은 도대체 어디로 갔단 말인가?

'늙어서 보자!'

어느새 늙어버려 벌써 결혼 40주년이 되었다. 손가락을 세어 가면서 기다려 온 세월은 아니건만 왠지 특별한 날처럼 여겨졌다. 젊은이들처럼 커플링이라도 하나 할까? 주름진 손과 목에 끼고 걸면 얼마나 예쁠까만 그래도 40주년 결혼기념품으로 뭔가 갖고 싶었다.

그이는 보석이란 사는 순간부터 값이 내려가는 비경제적이고 사치스러운 돌멩이인데, 왜 그런 것을 갖고 싶어하는지 이해가 되지 않는단다. 결혼 40주년이 특별한 날이라는 것에도 굳이 의미를 둘 필요가 뭐가 있느냐고 한다.

40년 세월이 어디 보통 세월이던가? 1만 4,600일이고 35만 400시간이다. 세 아이를 얻으면서 생애 최고의 환희를 맛보았고, 큰아들과 딸의 결혼으로 얼마나 큰 기쁨을 누렸던가? 둘이 만나 열한 가족으로 늘어난 세월이 어찌 짧다고 말할 수 있고, 소중하지 않을 수 있단 말인가? 여태껏 열심히 살아왔는데 그만한 보상을 받으면 안 되나? 그이는 자기 선물은 필요 없다며 말도 꺼내지 못하게 했다. 그의 태도에 실망하여 섭섭해하자 나중에 작은 보석 하나 사준단다. 양보 아닌 양보를 하고 말았다.

1월, 결혼기념일을 훌쩍 지나 5월을 향해 세월의 시곗바늘은 부지런히 걷고 있지만, 언제쯤 40주년 기념품을 살 것인지 알 수 없다. 특별한 기대는 하지 않는다. 물방울 다이아몬드를 살 일도 없고, 값비싼 보석을 살 일도 없는데, 그까짓 결혼기념일이 뭐라고 애태우며 살 것인가? 그러면서도 뭔가 끝내지 않은 숙제가 남아 있는 듯 개운하지 않다. 이번에 여행을 가면 보석 하나 사준다고 했지만, 두 차례의 외국여행이 모두 무산되고 말았다. 하마터면 외화낭비를 하고 올 것인데 조류인플루엔자가 나를 애국자로 만들었다.

그나저나 우리 막둥이는 언제 장가를 갈 것인지 답답하다. 우리가 젊었을 땐 결혼이란 당연한 인생행로였는데 요즘 젊은이들은 결혼을 왜 안 하는지 알 수가 없다. 서른 살이 넘은 처녀 총각들이 아직도 짝을 못 찾고 헤매는 것 같다. 결혼 비용이 너무 들어 결혼을 못 하는 젊은이들도 많단다. 결혼정책국이라도 신설하여 국가적인 차원에서 젊은이들이 따뜻한 둥지를 틀고 하루속히 안정을 찾도록 해 줘야 할 것 같다. 인구가 국력인데 사랑스럽고 튼튼한 아이를 낳아 자기들도 즐겁고 나라도 튼튼해지면 얼마나 좋을까? 둘이 맞들어 계획적인 경제생활을 한다면 혼자 벌어 혼자 쓰는 헐렁한 생활보다 국가발전에도 도움이 될 텐데……. 결혼기념일이 돌아올 때마다 손도 꼽아보고 나처럼 헛된 망상도 꾸어보는 것도 재미있는 일이 아니겠는가?

"여보, 익산에서 보석축제를 한다네. 우리 그곳에 한번 가볼까?"

달력 결혼기념일에 빨간 색연필로 굵게 동그라미를 쳐 놓은 효과가 드디어 나타나려나 보다. 꽃반지라도 좋으니 제날짜를 잊지 말고 기억해 달라는 작은 내 소원은 이미 접었다. 이제 지각 축하라도 기대하련다. 봄바람에 흔들리는 '익산보석축제' 플래카드 위로 벚꽃 꽃잎들이 나비처럼 날아다닌다.

(2013. 4. 16.)

호랑이가 물어가도

「한밤중의 초인종 소리」

온종일 내릴 것만 같던 장맛비가 오후 들어 하늘을 열어줬다. 모처럼 만난 해님이 이렇게 반가울 수가 없다. 그동안 곰팡이가 핀 옷가지를 내다 말리느라 오후 내내 부산을 떨었다.

'딩동!'

자정이 가까워지는데 누군가 벨을 눌렀다.

"누구세요?"

대답이 없었다. 여러 번 묻고 모니터 화면을 봐도 사람이 보이지 않았다. 밖으로 나가봤다. 골목 위아래를 살펴보아도 아무도 없었다. 인근에 중고등학교 기숙사가 있는데 학생들이 장난했을까? 그냥 들어왔다. 잠시 후 또다시 초인종 소리가 들렸다. 대문 앞엔 역시 아무도 없고 가로등만 밝게 빛나고 있었다.

며칠 후, 뜸하던 비가 여름 날씨를 일깨워 주려는 듯 또다시 내렸다. 오후가 되자 비가 그치고 하늘이 맑아졌다. 한여름의 무더위는 밤중까지 계속되어 잠을 설치게 했다. 이리저리 뒤척이고 있는데 초인종 소리가 또 들렸다. 밤 1시 7분이었다. 누구냐고 물어도 대답이 없었다. 잠자는 남편을 깨워 함께 대문 앞으로 나가보았다. 역시 아무도 없었다. 가로등이 군데군데 있어서 골목길도 잘 보였다. 설령 누가 숨는다 해도 급히 뛰는 발걸음 소리가 들렸을 것이다. 갑자기 머리가 쭈뼛 서고 오싹 소름이 끼쳤다. 후다닥 집 안으로 뛰어들어왔다. 아무도 없는 빈 초인종 소리가 무슨 의미일까? 불을 끄고 애써 잠을 청하나 심장 뛰는 소리가 방안에 가득했다.

이튿날 날이 밝자마자 대문 앞으로 나갔다. 초인종을 유심히 살펴보았다. 맞붙이는 이음새가 있었다. 그러나 거의 한몸처럼 붙어 있어서 물이 샐 것 같진 않았다. 정말 이것이었을까? 주룩주룩 내리던 비는 머물 새도 없이 흘러내렸지만, 비가 그친 뒤 아직 증발하지 않은 빗물 조각이 숨죽이고 있다가 고 좁은 틈새로 서서히 흘러들었나 보다. 그 물방울이 전기를 연결하는 촉매 역할을 해서 초인종이 울리지 않았을까? *에멜무지로 초인종의 몸체를 유리테이프로 물샐 틈 없이 친친 감았다. 역시 그랬다. 공교롭게 비가 멈춘 시간이 오후였고, 빗물이 스며드는 시간이 꼭 오밤중이었기 때문에 초인종 소동이 일어난 것이다. 그날 이후 한밤중의 초인종 소리는 한 번도 들리지 않았다.

「**도깨비불**」

가을밤은 상쾌하다. 목청껏 울어대던 쓰르라미의 울음 대신 귀뚜라미의 청아한 울음소리가 가을밤의 공기를 말았다 풀었다 한다.

저녁밥을 먹고 산책에 나섰다. 사위는 어두운데 잡초 우긋한 풀숲 사이 밭고랑에서 불빛이 왔다 갔다 움직였다. 저게 뭘까? 모악산에서 고라니라도 내려온 걸까? 아니면 멧돼지? 그런데 이상했다. 짐승이라면 두 눈이 나란히 움직여야 하는데 한 개씩만 움직였다. 불빛은 내려오지도 않고 그 부근에서만 왔다 갔다 했다.

"도깨비불일까?"

"지금 세상에 무슨 도깨비!"

남편의 말에 응수는 했지만, 머리끝이 쭈뼛 섰다. 가던 길을 멈추고 집으로 도망치듯 되돌아와 버렸다.

도깨비 이야기는 아스라이 멀어져간 우리의 고향 같은 정겨운 이야기다. 도깨비는 결코 사람보다 영리하지 못하여 항상 사람들에게 당하기만 한다. 도깨비의 우둔함으로 부자가 된 영악한 사람들의 이야기가 얼마나 많은가? 어쩌면 도깨비가 사기꾼을 만들어낸 원범일지도 모를 일이다. 고관대작들이 그 많은 재산을 부풀릴 수 있던 것은 신종 도깨비 방망이가 있어서일까? 아니면 우둔한 도깨비가 그들의 농간에 넘어가 돈벼락과 황금 벼락을 내리고 갔을까? 언제 어디서든 도깨비에게 홀리지 말고 자신을 망가뜨리는 과욕은 버려야 할 일이다.

이튿날 무엇인지 확인해보고 싶어서 저녁밥을 일찍 먹고 다시 그 장소에 갔다. 아직 어둠이 내리지 않은 그곳에 날짐승들의 눈을 교란시키기 위해 설치해 놓은 비닐 끈이 *나달거렸다. 어둠이 짙어지길 기다리며 그 주변을 숨죽여 지켜보았다. 서서히 사물이 어둠 속에 젖어들고 있었다. 모든 것이 어둠 속에 묻히면 가로등은 제 할 일에 충성을 다하려는 듯 더욱 밝게 비친다.

"바로 저것이었구나!"

어제 보았던 그 불빛의 정체가 탄로나는 순간이었다. 미처 어둠 속으로 스며들지 않은 비닐 끈이 가로등 불빛을 받아 점점이 도깨비불처럼 흔들리고 있었다. 후유! 도깨비는 무슨…….

「흉가」

일제치하에서 백성을 지도할 조선인 영재英才 교사들은 시골 벽지로 내몰렸다. 경성사범학교에서 수석은 못 했지만, 일본인들보다 앞서 2등으로 졸업했다는 아버지는, 민족지도자의 역할을 충분히 감당할 만했다. 아버지의 첫 부임지는 아무 연고도 없는 경남 고성의 인가도 드문 산골짜기 학교였다. 집도 드물던 때라 겨우 산속의 외딴집을 구했다. 그런데 밤만 되면 알 수 없는 무엇이, 대낮 같은 불빛을 방문에 확확 비춰대며 지르르 끄는 소리와 함께 모래 같은 것을 던졌다. 외출은 엄두도 못 내고 공포 속에서 얼마나 떨었겠는가? 낮에도 편하진 않아 항상 참나무 몽둥이를 곁에 두고 사셨다.

어느 날 아버지가 술에 취해 낮잠을 주무실 때, 부엌에서 상을 차리고 있는 어머니의 귀에 무슨 소리가 들렸다. 빨리 밥 가져오라는 아버지의 말씀인 줄 알고 재촉하지 말라고 했다. 옆에서 거들던 가사도우미가 질겁하며 손가락질하는 곳을 바라보니 부엌 창문에 빨간 얼굴이 혀를 날름거리며 쳐다보고 있지 않은가? 어머니와 그 아이는 놀라 방안으로 기어들었고 놀라 깨신 아버지가 참나무 몽둥이를 들고 쫓아 나왔더니 사라져버렸단다.

소문을 들은 선생님 부인들이 확인해보자며 아버지가 숙직하던 날에 맞춰 몰려왔다. 한밤중이 되자 여전히 방문에 모래를 던지며 햇빛만큼 밝은 불빛이 방문을 비췄다. 귀신이 어디 있느냐고 큰소리치던 기독교인 한 분은 제일 먼저 이불 속으로 기어들어가 엉엉 울고, 다른 사람들도 이불 속에서 소리도 내지 못한 채 얼굴이 퉁퉁 붓도록 울었다. 학교 사환 아저씨가 밖에서 부르는 소리가 없었다면 아침이 된 줄도 모르고 온종일 울 뻔했다니 그 무서움을 가히 짐작하고도 남는다. 부모님은 결국 그 집을 버리고 동네 가운데로 이사하셨다. 집 없는 거지 일가족이 그 집을 발견하고 웬 횡재냐며 들어가서 살다가 한 명씩 서까래 끝에 매달려 모두 죽어나갔단다.

섬뜩하기 그지없는 전설 같은 얘기는 우리 형제자매들이 부모님으로부터 녹음기 재생하듯 자주 들었던 이야기다. 설마 자식들에게 거짓말을 하시진 않았을 것이다. 그 불빛은 아마 호랑이 같은 큰 동물의 눈빛이 아니었을까?

사람들은 아무것도 아닌 일을 상상하여 공포심에 스스로 갇히기도 한다. 밤중에 두엄자리에서 먹다 버린 새우껍질이 불빛을 발하는 것을 도깨비불로 오인하기도 하고, 공동묘지에서 인(P)이 모여 떠도는 불빛을 도깨비불이라고 말하기도 한다. 때론 자기 옆에 누군가 서 있는 것 같아 흠칫 놀라 바라보면 눈 옆에 붙어서 흔들리는 자기의 머리카락일 때도 있다. 언제 어디서든 올바른 판단을 하며 살아갈 일이다. 정말 호랑이한테 물려가도 정신을 차려야겠다. 요즘 정말로 무서운 것은 귀신도 도깨비도 아닌 사람이 아닐까?

* 에멜무지: 헛일하는 셈 치고 시험 삼아 하는 모양
* 나달거리다 : 여러 가닥이 늘어져 흔들거리다.

(2012. 9. 25.)

화려한 할머니

여자를 포기하기엔 아직 이른 나이라고 생각했다. 거울 앞에 서 보았다. 될 수 있는 한 빛이 덜 들어오는 쪽의 거울을 마주했다. 아직은 괜찮은가? 주름이 있는 걸 애써 못 본 척 눈을 돌렸다. 머리가 자꾸 주저앉는 것이 파마할 때가 된 듯했다.

미장원엘 갔다. 그날따라 손님이 많았다. 탁자 위의 신문을 들춰 기사를 읽었다. 정치면을 보다 말고 사회면으로 넘겼다. 성폭행범 이야기가 머릿속을 혼란스럽게 했다. 얼른 덮어버리고 잠시 눈을 감았는데 서너 살쯤 된 꼬마가 칭얼거리더니 울음을 터뜨렸다. 옆에 있던 누나가 자꾸 약을 올리니까 으앙 울음을 터뜨린 것이다. 미장원 안은 울음소리로 시끄러워지는데 아무도 말리는 사람이 없었다. 아이 엄마도 달래지 않고 파마에 열중이었다. 미장원 원장이야 손님의 아이이니까 나무랄 수 없고 손님들마저도 끼어들지 않으려고 무관심한 척 아무 소리도 없었다. 울음 끝이 너무 길었다. 참다 못한 내가 낮은 소리로

"누가 이렇게 시끄럽게 우니?"

하고 꾸짖으니까 아이 엄마가

"거 봐. 할머니가 야단하시잖아? 뚝! 얼른 그쳐!"

야단치는 시늉을 했다. '할머니라고?' 은근히 화가 났다. '괜히 아일 건드렸구나. 다시는 애들 건드리지 말아야지.' 다짐하며 미장원 문을 나섰다.

이튿날 몸이 찌뿌듯하여 목욕탕엘 갔다. 탈의실에 막 들어서는데 어제 그 아이보다 더 어려 보이는 아이가 마루를 뛰어다니고 있었다. '절대 건드리지 않을 거야. 눈길도 주지 말아야지.' 단단히 맘먹고 돌아앉아 양말을 벗고 있는데

"뛰지 마. 할머니가 이놈 하신다."

얼른 고개를 들고 주위를 둘러보았으나 그곳에 있는 건 나 혼자뿐이었다. 건드려도, 건드리지 않아도 결과는 똑같이 '할머니' 소리를 듣고 만 것이다.

세월을 누가 감출 것인가. 그래! 내가 할머니지 할머니 아닌가? 저 젊은 아낙도 내 딸 또래이거늘……. 내게도 손자가 넷이나 있으니 할머니는 틀림없지. 그러나 내 손자들의 할머니일망정 모르는

젊은이들로부터는 할머니라고 불리고 싶지 않다.

60대 중반을 눈앞에 두고 있으면서도 아직은 할머니가 아니라고 말하는 것은 늙은이의 속없는 반항이리라. 세월은 나를 이렇게 멀리 데리고 와서 주름까지 선물했다. 한 줄 한 줄 훈장을 주며 어른답게 살라 했건만 아직도 늙지 않았다고 생각한 내가 참 한심스럽다. 여느 노인들처럼 인생이라는 강물에서 헤엄쳐 나온 나도 어느새 할머니가 되어버린 것이다. 세파를 헤치고 예까지 무사히 헤엄쳐 나온 건 모두로부터 박수를 받아도 충분하지 않을까?

우리나라도 고령화 시대에 접어들었다. 2030년엔 평균 수명이 130세가 된다는 얘기도 있다. 잘못하면 앞으로도 70여 년은 더 살아야 한다는 얘기가 아닌가. 큰일이다. *수즉다욕壽則多辱이라 했던가. 오래 살아서 좋은 꼴 보기 어려운데 적당히 살다가 건강할 때 흙으로 돌아가길 바랄 뿐이다. 어느새 내가 이런 걱정을 하게 되었나. 노인이 된다는 것은 썩 기분 좋은 일은 아니다. 독일 어느 소설의 주인공처럼 늙어 가는 것을 기쁘다고 말하면서 위로라도 해야 하는가? 주어진 시간이 얼마나 길지 모르지만, 앞으로 남은 노인 시절을 보람되고 여유롭게 살려면 또 무엇인가를 계획해야 하지 않을까?

건강해야겠다. 내가 짐이 되는 불행이 없도록 내 몸은 내가 챙겨야겠다. 계단 중간에 서서 올라오다 섰는지, 내려가다가 섰는지도 모를 치매에 걸려서야 되겠는가? 애국가가 우리 학교 교가라고 착각하고 살아서야 되겠는가?

용기를 키워야겠다. 젊은이들이 잘못할 때 따끔하게 제자리로 돌아갈 수 있도록 충고를 주저하지 않는 용기를 키워야겠다. 젊은이들의 행패가 두려워 충고도 못 하고 사는 세상, 결코 그것은 건강한 사회가 아니다. 그리고 용기를 북돋울 수 있는 격려와 칭찬도 아끼지 말자. 밝은 우리나라의 장래가 그들의 것이 아닌가! 혼란스러운 사회가 되어 버린 것은 우리 어른들의 책임도 크다. 우리 아이만큼은 고생시키지 않겠다고 다짐하며 키운 바람에 그들을 허약하고 윤리와 도덕성도 부족한 이기적인 인간으로 만들고 말았다.

전쟁의 폐허 속에서 이 땅을 맨손으로 일궈온 것이 노인 세대가 아니던가. 많이 배운 만큼 잘사는 사람이 된다고 소를 키우고 땅을 파서 고급 학력으로 키워낸 배고픈 부모들이었다. 떳떳이 선진국 대열에 동참하고 있는 자랑스러운 나라를 물려준 우리 선배 노인들께 깊은 경의를 표해야겠다. 나도 이제 할머니의 대열에 끼어 이 나라를 위해 손자들에게 무얼 가르치고 알려줘야 할지 깊이 생각해 볼 일이다.

이제, 할머니란 인생의 축복이라고 생각할 것이다. 할머니는 아낌없이 주는 사랑이다. 할머니는 인고의 세월을 극복해온 애달픈 영광이다. 할머니는 굽이굽이 돌아오는 고갯길에서 많은 경험과 지혜를 배워 온 솔로몬이다. 그리고 잘못을 저지른 사람에게 용서와 화해를 실행할 줄 아는 선인이다. 이제 나는 화려한 할머니로 거듭날 것이다.

* 수즉다욕(壽則多辱) : 오래 살면 욕된 일이 많다는 뜻으로 오래 살수록 망신스러운 일을 많이 겪게 된다는 뜻.

(2010. 8. 14.)

3부
놀이 도둑

첫눈 오는 날 (宇觀 金鍾凡)

김장 무 몇 개나 하나요

온 산을 붉게 물들였던 단풍이 제 빛깔을 잃고 누렇게 바랜 채 힘없이 나뒹굴고 있다. 어느새 가을이 저만치 달아나고 또 한 해가 저물어 간다.

나는 임실 댁 밭에서 캐어져 지금은 전주 매곡교 옆 둑길에 누워 있다. 어떤 부부가 우리 밭주인 아주머니와 임실 이야기를 주고받더니 고향도 아니면서 한때 살았다는 이유로 그만 못생긴 나를 차 트렁크에 싣고 말았다. 맘씨 좋은 임실 밭주인 아주머니가 무만 팔고 남겨뒀던 무청을 다섯 단이나 꾸역꾸역 비닐 포에 밀어 넣어줬다.

솔직히 말해서 밭이 박토라서 우리 무들은 모두 못생겼다. 저쪽

다리 끝에 있는 무는 빨간 황토로 분단장했는데 동글동글 통통하여 맛도 좋고 물도 많단다. 그래도 공짜로 얻은 무청이 반가운 아저씨는 신 나게 바퀴를 굴리며 구이 집으로 돌아왔다. 여섯 포기의 배추와 옆집의 잘생긴 배추 두 포기도 함께 사 왔다.

'김장'이라고 하면 모두가 배추만 생각하나 보다. 김장이란 겨우내 먹으려고 담그는 김치를 말한다. 김치의 종류는 다양하다. 배추로 만든 배추김치, 무로 만든 무김치, 깍두기, 알타리, 그 외 파김치, 갓김치, 고들빼기김치 등 수없이 많다. 그런데 사람들은 모두 배추만 생각하고

"김장 몇 포기나 해요?"

라고 묻는다. 다행히 구이 아저씨 댁에선 배추보다 무를 더 좋아하는 것 같다.

공작 꼬리 같은 무청이 달린 무를 두 단이나 담갔다. 무가 15개쯤 달려 있는데 배추 8포기보다 더 많지 않은가?

배추김치라고 저 혼자 김치가 될 수는 없다. 우리 무가 생채가 되는 희생을 감수해야 한다. 갓과 파와 마늘, 생강들을 만나 서로의 성질을 포기한 채 한데 버무려져 배추의 속에 넣어야 맛있는 배추김치가 된다.

배추가 아무리 잘생겼어도 무의 도움이 없으면 맛있는 김치로 부활할 순 없다. 그래, 부활이다. 누가, 배추가 김치가 되려면 여러 번 죽어야 한다고 말했던가? 난 끝까지 죽음으로 표현하진 않을 것이다. 배추가 우리 무를 만나면 환상의 짝이 되어 환생한다. 부활하는

것이지 죽긴 왜 죽나?

옆집에서 김치를 담갔는데 국물이 너무 없고 짜다고 걱정을 했다. 구이 마님이 우리 무를 선전해줬다. 무를 채로 썰어 배추 사이사이에 많이 넣으라고 했다. 옆집 아주머니는 잘박잘박 국물이 나오고 싱거워졌다며 무가 최고라고 기뻐했다. 그것 봐라. 짠 것도 싱거운 것도 해결해 주는 것은 우리 무가 아닌가.

축구선수가 혼자서 골을 넣을 수 있던가? 누군가의 도움을 받아야 기회를 포착해서 골인할 수 있다. 무채같이 묵묵히 남을 도와주는 사람들이 훨씬 많다는 것을 잊지 말아야 한다. 사람들도 다투지 말고 서로서로 도와주면 우리 김치처럼 맛깔스러운 세상을 만들 수 있을 텐데…….

부지런한 안주인이 무청까지 두[二] 통을 꼭꼭 눌러 무김치를 담아 놓더니 남은 무청을 삶아 시래기로 말리고 있다. 무청은 뼈를 튼튼히 하고 장내의 노폐물을 제거하여 대장암도 예방한다나. 우리의 진가를 알아주는 안주인이 고마울 뿐이다.

이 댁에서 김장한 줄 알았는지 저녁에 손님이 고기를 사 왔다. 겨자를 푼 물에 무 쌈채를 만들겠다고 나를 잘랐다. 그런데 내가 박토에서 자란 탓에 내 몸이 단단했으니 얼마나 힘들었겠는가. 칼질하는 마님 얼굴을 보니 조금 미안했다. 이 댁 부부도 물렁한 사람들인 모양이다. 좀 사근사근한 무를 사 올 일이지 우리같이 단단하고 못생긴 무를 사왔으니 말이다.

그러나 약효는 어느 무 못지않다. 체하거나 속이 답답할 때 무의

즙을 내어서 먹으면 답답했던 속이 뻥 뚫릴 것이다. 아, 그래. 무즙! 해독 작용을 하므로 예쁜 아가씨들 얼굴에 난 여드름에 바르면 쏙 들어가고 만다. 무는 중국 당나라 때 채소에서 한방약의 생약으로 격상된 식품이다. 이명증엔 면봉에 묻혀 귀 안을 골고루 칠해주면 귀가 안 울고, 담배 니코틴도 중화시켜준다니 희소식이 아닌가? 무즙에 꿀을 넣어 먹으면 감기 폐렴 편두통도 낫는다. 고기나 생선회 먹을 때도 무즙에 찍어 먹으면 맛이 그만일 것이다.

'잘 말린 무말랭이는 인삼보다 좋다.'라는 옛말도 있다. 생 무보다 15배나 영양가가 높다는 걸 알기나 할까? 밤에 군것질이 하고 싶거든 다이어트에도 좋은 우리 무를 먹어보라 권하고 싶다. 맘대로 먹되 트림은 절대 해서는 안 될 일이다. 그 고약한 냄새라니…….

이 정도면 우리 무의 진가眞價를 알 것이다. 배추도 좋지만, 우리 무의 공을 잊지 말고 이젠 사람들에게 이렇게 물어보면 어떨까?

"김장 무 몇 개나 하나요?"라고.

(2013. 12. 15.)

놀이 도둑

나의 유년기는 항상 외로웠다. 이웃이 살지 않는 학교운동장 옆 교장 관사에 살고 있었던 것이 가장 큰 이유였다. 그래서 난 친구가 별로 없었다. 방학이 되면 더욱더 친구들을 만날 수 없어서 쓸쓸했다. 어쩌다 학교 옆 동네에 사는 친구들이 학교운동장에 놀러 오는 날은 친구 가난에서 벗어나는 날이었다. 그날 운동장은 친구들의 웃음소리로 즐거움이 넘쳐났다. 먹고살기 어려운 그 시절, 학교엔 운동기구나 놀이기구를 구경할 수가 없었다.

교실 문은 항상 열려 있었다. 학교 아저씨가 순찰하고 다녔지만, 나는 교장 선생님의 딸이라는 배려로 교실에 드나드는 데 제지를 받지 않았다. 놀이터가 전혀 없던 그 시절에 학생들이 없는 빈 교실은 우리에게 더없이 좋은 행운의 놀이터였다. 친구들과 함께 빈 교실에 들어가 숨바꼭질도 하고 술래잡기도 하며 놀았다. 책상 사이에 쪼그리고 앉거나 바닥에 납작 엎드려 술래의 눈길을 피하는 숨바꼭질은 스릴 만점이었다. 가슴이 쿵쾅쿵쾅 뛰는 게 차라리 들켜버렸으면 하기도 했다. 들키고 나면 포기하는 심정으로 마음이 편안해졌다. 책걸상은 적당한 걸림돌이 되어 술래잡기에 안성맞춤이었다. 한참 뛰다가 지치면 우린 책상과 걸상으로 집짓기 놀이를 하고 놀았다. 의자 두 개를 마주 보게 붙여 놓으면 긴 마루 같은 방을 만들 수 있었다. 큰 방, 작은 방, 오빠 방, 언니 방, 내 방, 동생 방 그리고 대청마루까지 책걸상이 있는 대로 모두 방을 만들었다. 책걸상이 많이 있었다면 99칸이라도 만들었을 것이다. 집으로 돌아갈 때면 그걸 다시 제자리에 놓느라 힘이 들었지만 만드는 순간만큼은 한없이 즐겁고 행복했다.

하얀 눈이 펼쳐진 겨울 운동장은 매우 넓고 포근해 보였다. 바람이 솜털처럼 날리는 눈가루를 쓸고 가면 운동장은 잘 다듬어진 보석처럼 눈부시게 빛났다. 이런 하얀 은빛 세상을 우리가 그냥 지나칠 리가 없었다. 눈싸움도 하고 눈사람 만들기에 정신이 없었다. 주변의 모든 돌멩이와 나무 조각들이 눈사람 일부가 되었다. 반질반질 윤이 난 얼음 바닥에 발을 붙이고 팔을 벌리면 나는 한 마리의 날렵한 새가 되었다. 학교 아저씨가 만들어 준 썰매는 지금의 자가용이 부럽지 않을 만큼 신 나는 보물이었다. 오랜만에 만난 친구와 한없이 놀고 싶었지만, 날이 어두워지면 아이를 찾는 어머니들의 부름으로 흥이 깨지고 말았다.

갑자기 추위를 느껴 집 안으로 뛰어들면 미처 마르지 않은 손이 문고리에 쩍쩍 달라붙었다. 꽁꽁 언 몸을 녹이려고 아랫목 이불 속으로 기어들었다. 이불을 머리까지 뒤집어쓴 채 한참을 파묻고 있으면 그때야 언 몸이 풀리는 것이었다. 얼음이 풀리는 동안 손발이 가려워서 참을 수가 없었다. 욱신욱신 후끈후끈 종잡을 수 없는 통증은 온몸을 군시럽게 했다. 간지러운 것도 같고 아린 것도 같은 묘한 통증을 끝내 견디지 못하고 나는 그만 엉엉 울어버렸다. 실컷 놀고 와서 어머니에게 투정을 부리며 울기까지 했으니 얼마나 철부지였던가.

요즘엔 학교나 동네 공원에 놀이 기구와 운동 기구가 많아서 참 좋다. 그네, 시소, 늑목, 미끄럼틀, 회전그네 등등 가지가지다. 그런데 그 많던 아이들은 모두 어디로 갔을까?

독일의 아동문학가 미하엘 엔데는 '모모'라는 시간도둑을 만들어 세계의 많은 사람으로부터 호평을 받았다. 상상의 '시간도둑'이 있듯이 난 '놀이 도둑'을 만들어볼까?

우리가 알 수도 없고 눈에 보이지도 않는 '놀이 도둑'이 있을 수도 있겠다. 그 도둑이 날마다 틈나는 대로 놀이를 훔쳐다가 모두 삼켜버리나 보다. 어른들의 몸과 아이들의 몸속에도 놀이 도둑이 스며들어 아이들이 노는 것을 방해하는 것 같다. 사업가, 교육자, 정치가 등 어른들의 머릿속에도 놀이 도둑이 스며들어 '일류대학 출신! 좋은 대학 출신!'하고 노래를 하니까 일류대학 출신만 찾았을 것 같다. 엄마 아빠의 마음속에도 놀이 도둑이 찾아가 '애들 공부! 애들 공부!'만을 외치지 않았을까? 그래서 어른들은 저 높은 고지를 향해 밧줄을 던져놓고 아이들에게 올라가라 떠미는 것 같다. 바둥바둥 안간힘을 쓰다 오르지 못하고 떨어져 버린 아이들은 골목에서 또래들을 집단폭행하고 죽음으로 내몰았지 싶다. 심지어 남자들을 늑대로 변하게 하여 성폭행도 시키고 유괴범도 만들었을 것 같다. 운동장에서도 놀이터에서도 아이들을 놀지 못하게 하고 놀이 도둑들이 판을 치고 싶어서 그러지 않았을까?

이렇게 상상하다 보니 우리들의 눈에 보이지 않는 놀이 도둑이 정말 있을 것 같다. 아이들은 놀지 못하고 공부에만 파묻혀 사니까 스트레스가 쌓여 마음이 빼들빼들 말라가며 자꾸 꼬여간다. 놀이터에 나가도 또래가 없으니 또래끼리 놀아 본 경험도 부족하고 쌓인 스트레스를 풀 길이 없다. 놀이터에서 친구들과 놀아야 할 아이를 엄마가 앉아서 망을 보고 있다. 행여 혹시나……. 혼자서 즐기는 컴퓨터 게임만 하다 보니 성질도 난폭해졌을 것 같다. 그래서 어린 학생들이 집단 괴롭힘이 죄인 줄도 모르고 따돌려서 자살하게 하지 않았나 생각된다. 놀이 도둑의 치밀한 파괴 공작인 줄도 모르고 우리 모두 빨려 들어가고 있는 게 아닐까?

아이들은 또래끼리 어울려서 신 나게 놀 권리가 있다. 공놀이를 즐기며 공처럼 둥글둥글 부드러운 심성을 길러야 할 것이다. 버려지는 막대기를 갖고도 놀이를 할 수 있는 자연 속에서 꿈을 키워줘야겠다. 수정보다 맑은 영혼으로 실컷 웃으며, 무지개처럼 아름다운 꿈을 꾸어야 하지 않겠는가? 일류를 향해 달려가도록 종용하는 어른들의 머릿속에서 놀이 도둑을 내쫓아버렸으면 좋겠다. 언제까지 이 아이들이 일류병에 오염되어 입시지옥, 구직시험 지옥 속에서 허우적거리도록 내버려 두어야 한단 말인가. 이제 우리 모두 정의의 전사가 되어 곳곳에 스며든 놀이 도둑을 내쫓고 운동장과 놀이터를 아이들에게 돌려줘야겠다.

난 지금도 어느 추운 겨울밤 8시경에 만난 열 살 남짓한 어린 여학생의 모습을 잊을 수가 없다. 부모와 함께 담소를 나누며 행복하게 웃어야 할 그 시간에 건널목 앞에서 두 발을 쾅쾅 굴리며 짜증을 부리던, 거의 울어버릴 것 같은 그 아이의 모습을! 어딜 가고 있었을까? 학원 아니면 집?

(2011. 12. 30.)

늙은 소녀의 시

-영화 「시」를 보고

영화 「시」가 칸영화제에서 각본상을 받았다. 시처럼 잔잔히 흐르는 영화를 다시 한 번 떠올려본다. 시를 음미하듯 감상하는 영화, 관객의 생각을 머물게 하는 영화였다. 이 영화는 그림으로 비교한다면 한국화 같은 영화라고 할까? 여백이 많아 관객들이 생각하고 숨 쉴 공간이 많았다. 야하지 않고 부드러워서 좋았다. 나는 영화평론가도 아니고 영화감독의 의도를 눈치채지도 못한다. 그냥 내 나름대로 느낄 뿐이다. 어차피 관객들에게 내맡겨진 시라면 난 내 나름대로 시를 쓰겠다.

도도히 흐르는 강물에 여학생의 시체가 떠내려오면서 영화는 시작된다. 집단 성폭행을 당하고 자살한 것이다. 그 여학생의 엄마는 실성한 듯 허둥지둥 딸의 흔적을 더듬으며 온몸으로 슬픔을 감내할 뿐 통곡도 하지 못한다. 영화 속 주인공 미자는 외손자가 중학교 3학년 집단 성폭행범 여섯 명 중 하나라는 것을 알고 절망한다. 그러나 손자의 이불자락만을 *꺼당기면서 "왜 그랬어?"만 되뇔 뿐 통곡하지 않았다. 이 영화에서 통곡이란 의미가 없다. 그저 관객들이 크게 느껴 가슴 아파하면 되는 것이다. 조용히 여백을 두고 관객과 함께 써 내려가는 시였다.

반신불수가 된 늙은 회장의 목욕을 시켜 주는 가난한 간병인 미자. 그녀의 보살핌에, 회장은 사그라져가는 생명의 불꽃을 느끼며 마지막 남자 구실을 한 번만이라도 할 수 있게 해 주길 간청한다. 미자는 분개하나 며칠 뒤 인간애에 이끌려 결국 회장의 마지막 청을 들어준다. 이건 오락도 쾌락도 아닌 본능의 발로, 오직 아직도 살아 있다는 것을 확인해 보는 의미일 뿐이었다. 결코, 돈 때문에 노老 회장의 부탁을 들어준 건 아니라고 믿고 싶다.

여학생을 자살하게 한 자기 자식들을 질타하기는커녕 처벌만을 면하기 위해 사건 은폐에 급급한 부모들의 작태. 합의금으로 해결하려는 이기적인 아버지들의 집단 행위는 부도덕한 이 시대를 고발하는 일이다. 합의금으로 할당된 오백만 원은 미자로서는 상상할 수 없는 큰돈이었다. 재촉하는 성폭행범 아버지들의 성화에 *갱신 못 하여 그녀는 회장을 찾아간다. 회장에게 성性봉사한 미자의 행동은 순수한 인간적 동정이었다고 본다. 외손자의 합의금을 마련할 길이 없는 그녀가 부자인 회장을 찾아간 것이 그렇게 큰 잘못인가?

이 영화에서 시문학강좌 강사로 섬진강 시인 김용택 씨가 출연했다. 66세의 순수한 늙은 소녀 미자가 우연히 이 시 강좌를 수강하게 된 것이다. 어려움 속에서도 화려한 꽃무늬의 옷과 멋스럽게 늘어뜨린 머플러와 하얀 모자를 즐겨 쓰는 멋쟁이 할머니. 뒤늦게 시에 대한 열정을 발견하면서 생활고도 손자의 빗나간 성폭행범죄도 모두 흘려보냈다. 알츠하이머란 병은 차라리 그녀를 행복하게 만들었을지도 모를 일이다.

그녀는 대자연의 밀어를 찾기 위해 한없이 방황했다. 나무와 꽃을, 하늘과 공기를. 그러한 그녀는 곧 시 자체였다. 시 강좌 마지막 날까지 시를 쓴 사람은 오직 미자 할머니뿐이었다. 마지막 강의실엔 미자의 시와 꽃다발만이 미자를 대신하고 있었다. 시는 고통에서 피어나는 아름다운 꽃이며 진정한 아름다움은 고통에서 온다고 했다. 정말 미자의 시는 고통 속에서 핀 아름다운 한 편의 시였다.

> 그곳은 어떤가요/ 얼마나 적막하나요/ 저녁이면 여전히 노을이 지고/ 숲으로 가는 새들의 노랫소리 들리나요/ 차마 부치지 못한 편지/ 당신이 받아볼 수 있나요/ 하지 못한 고백 전할 수 있나요/ 시간은 흐르고 장미는 시들까요

짓눌리는 고통을 아름다운 시로 승화시킨 미자! 그녀의 순수함이 그 일을 해낸 것이다. 그녀는 외손자와 함께 배드민턴을 치면서 마

지막 행복을 누리고 있었다. 손자를 잡혀가게 한 것은 죄인은 죗값을 치러야 한다는 그녀의 올바른 가치 판단 때문이었을 것이다.

자라나는 청소년들은 무엇이 죄인지도 모르고 호기심에 범죄를 저지르는 일이 많다. 친구들과 장난으로 차를 훔쳐 질주하는 스릴을 맛보다가 죽음에 이르기도 하고, 남의 물건을 재미삼아 훔쳐보는 일도 비일비재하다. 그러나 대부분 타이르고 바른길로 인도하면 제자리로 돌아와 인생을 헛되게 보내는 일이 없게 된다. 다만, 기회를 놓치고 범인이 되어 법의 심판을 받고 나면 되돌릴 수 없는 전과자가 되어 인생을 망치게 되는 것이다. 사람은 모두 착하게 살 수 있는 성품을 지녔기에 누구든 초범일 때 선도해서 바르게 살도록 하면 정말 좋겠다.

할머니의 딸이 돌아와 어머니와 아들을 찾았으나 아무도 없었다. 첫 장면에 나왔던 그 강물이 넓게 흘렀다. 소녀의 시체가 떠내려왔듯이 미자의 시체가 떠내려올까 봐 조마조마했으나 그냥 물만 무심히 흘렀다. 끝없이, 덧없이. 마지막 역시 관객들이 상상의 날개를 펴도록 끝맺음을 맡겼다.

미자는 어디로 갔을까? 알츠하이머 증세가 심해져서 손자를 잊었을까? 아니면 시상을 떠올리기 위해 어느 숲 속을 거닐고 있을까? 소녀를 위해 「아네스의 노래」라는 한 편의 시를 완성하고 가장 아름다운 순간에 죽음을 택했단 말인가? 마지막 강의 시간에 그 시 한 편과 꽃다발을 놓아두고 그녀가 강물에 빠져 죽었다고? 싫다! 죽었다는 끔찍한 생각은 하기 싫다. 그냥 흐르는 게지. 물이, 강물이 흘러갈 뿐이라고 생각하겠다. 덧없는 세월과 세파의 험상궂음도 그냥 흘러가는 물속에 모두 흘려보냈을 것이다.

인생은 60부터! 장수 노인들이 점점 늘어가는 현대 사회에서 여생을 위해 뭔가를 계획하고 실천한다는 것은 정말 소중한 일이다. 미자 할머니처럼 시어를 찾으러 다니는 일은 정말 대단한 일이다. 새싹의 발돋움에도 눈물을 흘리고 꽃망울의 벙긋거림에 가슴 뛰노는 사춘기도 아니지 않은가. 노년의 감성은 메마른 가지에서 수액을 짜내는 노력보다 더 힘든 일이다.

가을을 보내는 바람이 불고 있다. 고운 빛을 잃은 감나무 잎이 바람을 보듬은 채 마당에서 *치딩굴내리둥글 하고 있다. 미자 할머니는 뭐라 노래할까? 저 마른 잎을 바라본다면…….

* 꺼당기면서: 끌어당기면서
* 갱신못하게: 몹시 들볶이거나 시달려 꼼짝 못하여
* 치딩굴내리둥글: 몹시 뒹구는 모양

(2010. 7. 11.)

말벌

이건 아니다. 정말 아니다. 우리가 이 동네 사람들에게 단 한 번이라도 해를 끼쳐 본 일이 없다. 우리가 나쁜 짓도 안 했는데 이게 무슨 물벼락이란 말인가. 세상 사람들 인심도 야박하지. 아무리 무허가라고 이 넓은 공간에 조금 발붙여 살아보려고 했던 게 이처럼 큰 죄란 말인가. 우리가 이 집을 짓기 위해 얼마나 힘들게 일했는데 이건 말도 아니다. 방 한 칸 한 칸마다 육각형을 만들어 가면서 우리의 소망을 엮어가기 위해 흐르는 땀을 웃음으로 닦아냈었다. 온 동네 나무로 퉤! 퉤! 침을 발라가며 한 켜 한 켜 멋진 무늬 벽을 만들면서 우리의 사랑을 엮었다. 우린 화염병도 만들 줄 모른다. 더군

다나 돌멩이 하나 투척할 수도 없는 우리에게 119 소방대원의 물대포가 웬 말이냐. 함께 울고 웃던 내 형제 친척들이 모두 죽어갔다. 하늘은 아직도 파란데 우리는 반항 한 번 못한 채 붉은 울음 꺼이꺼이 삼키며 죽어가고 있다.

작년 추석날, 우리 집 지붕 위에서 죽어가며 울부짖던 말벌들의 하소연이 이명耳鳴으로 들리는 것 같다.

성묘를 다녀오자마자 아이들이 지붕 위에서 발견한 배구공만 한 말벌 집! 수십 마리의 말벌들이 윙윙대며 드나드는 모습은 불안을 넘어 공포에 가까웠다. 산소 벌초하러 간 사람들이 간간이 벌에 쏘여 죽기도 한다는 그 말벌이었기 때문이다.

신고한 지 10여 분 후 119 소방차가 도착했다. 불도 안 났는데 웬 소방차냐며 동네 사람들이 궁금해했다. 사다리가 내려질 것으로 생각했는데 대원들은 소방차에서 긴 호스를 풀어냈다. 호스를 통해 흘러나온 물은 '쉬시식' 소리와 함께 물대포로 돌변하여 말벌 집을 공격했다. 수압이 엄청났다. TV에서 본 119대원들은 불로 벌집을 태워 떼어냈었는데 물대포라니…….

우린 안전을 위해 비겁하게도 차 속에서 구경했다. 당황한 말벌들이 하늘에 현란한 그림을 그리며 죽어가고 있었다. 우린 말벌 집이 부서지는 것을 보면서 잔인한 살상 방조자들이 되었다. 말벌 집의 일부가 찢겨 튕겨 나갔다. 이제 더는 멋진 배구공의 모습은 아니었다. 망가지는 벌집을 보니 무허가 건물에서 살던 사람들의 강제 철거 장면이 떠올랐다.

남의 땅일망정 무허가 건물을 지어 가족생계를 이어가야 하는 도시 빈민들. 결코, 정당화될 수 없는 일이기에 허물어진 건물더미 옆에서 낙담과 허탈에 빠진 그들을 바라봐야만 하는 우리의 가슴은 아리기만 했다. 도시 정화와 균형 발전을 위해 불가피하게 도시 빈민들과 맞서야 하는 행정당국 역시 곤혹스럽기는 마찬가지일 것이다. 이들의 불협화음은 때론 끈질긴 싸움이 되어 돌이킬 수 없는 비극을 불러일으키기도 한다.

무허가 문제만 힘든 게 아니다. 미분양 아파트가 남아도는데도 재건축이니 재개발이니 하면서 오래된 주택들을 정비하려고 한다. 도시발전을 위해서 깨끗하고 아름답게 정비하는 건 좋다. 그러나 기존에 살고 있던 소규모 주택 소유자들은 보상금이 적어 거리에 내몰리는 일을 당하기도 한다. 그들의 땅을 가져간다면 가족들과 함께 하늘을 가리고 살 수 있는 최소한의 터전은 마련해 줘야 하지 않을까? 자기가 살던 집은 없어지고 그 땅 위에 20층 30층씩 아파트를 쌓아 간다! 그러나 정작 땅 주인은 반반한 전셋집도 구할 수 없게 된다! 이 얼마나 억울하고 기가 찰 노릇인가! 대기업 건축업자들이 조금 양보해서 서민들의 가슴이 퍼렇게 멍드는 일은 막아야 한다고 생각한다.

우리 사회가 언제부터 화염병과 시너가 동원된 집단 폭력으로 변한 것일까? 타협보다는 우선 집단행동부터 하고 보자는 이기적인 사회풍토! 이 땅의 상류 그룹에 속하는 사람들조차도 자기 밥그릇 채우기에 바쁜 시위 양상을 보면 더더욱 눈살이 찌푸려진다.

한참 만에 벌집은 지붕에서 떨어져 나갔다. 소방대원들은 임무를 마치고 우리의 조그만 사례도 마다하고 그냥 돌아갔다. 물세례에 죽어간 벌들의 시체가 현관 앞에 어지럽게 널려 있었다. 이튿날 지붕을 올려다보는데 저걸 어쩌나. 그렇게 센 물대포를 쏘아댔건만 찢긴 벌집 일부가 아직도 남아 있는 게 아닌가. 그러나 119를 또다시 부르기도 미안하고 벌들의 활동도 잦아든 것 같아 그냥 내년까지 두고 보기로 했다.

화사한 봄이 돌아왔다. 복수초가 먼저 봄 소식을 전하고 비단결 같은 노란 잎을 접었다. 개나리와 영춘화도 앙증맞은 꽃들을 가지마다 매달고 지나가는 바람과 그네를 탄다. 노루귀도 그 작은 몸짓으로 봄을 노래한다. 향기 그윽한 매화꽃도 만발했다. 꽃의 향연이 시작된 것이다. 나비와 꿀벌들이 꽃의 향기에 매료되어 즐겁게 날아다닌다. 그러나 우려했던 말벌들은 아직 돌아오지 않았다. 지난겨울 혼자 남은 여왕 말벌은 새로 태어날 알들을 잔뜩 품고서 어디에서 잠을 잤을까? 이제 곧 말벌 후손들은 넓은 잔디밭에 차려진 *화려한 만찬에 초대받은 손님이 되어 세련된 몸으로 날갯짓하리라. 또 어느 곳엔가 더 안락하고 멋진 아방궁을 지어 놓고서 말이다.

* 화려한 만찬: 말벌들은 곤충을 잡아먹는 육식성 곤충이다. 꿀벌의 꿀을 빼어 먹기 위해 꿀벌들을 죽이기도 하며 거미줄에 붙은 곤충조차도 먹이로 충당한다.

(2010. 4.)

박수받는 사기꾼

Ⅰ. 보이스피싱 노이로제

감나무 가지에 마지막 남은 홍시는 까치가 제 밥인 줄 알고 쪼아 먹은 지 이미 오래다. 추억을 도란거리던 낙엽들이 쌩하니 부는 바람에 가르르 갈갈 헛웃음을 치며 누런 잔디밭 위를 뒹굴고 있다. 깊어가는 겨울의 냄새가 진하다.

이 겨울, 외풍의 간섭이 가장 적은 서재는 따뜻하고 컴퓨터도 있어 생활하기 적당하다. 서재에만 불을 때니 거실은 추워서 기거하기에 마땅치 않다. 텔레비전 시청은 컴퓨터를 통해서 한다. 화질이 텔레비전만큼 선명하지 못하여 일일연속극 한 편과 9시 뉴스만 생

방송으로 본다. 한국방송 KBS만 시청하다 보니 다른 방송도 보고 싶어졌다.

MBC 문화방송을 시청하려고 회원 가입을 하기로 했다. 가입을 신청하니 인증번호를 써넣으란다. 휴대전화로 문자메시지가 도착하여 그 아래 글을 읽다 말고 그만 인증번호를 써넣고 말았다. 금세 16,500원이 결제되었다는 메시지가 떴다. MBC는 KBS와는 달리 유료였단 말인가? 황급히 취소하려고 인터넷 구석구석 찾아 헤맸지만 찾을 방법이 없었다. 이튿날 나의 해결사 큰아들에게 메일을 보냈다. 오후에 문화방송과 아들로부터 해결되었다는 문자를 받았다. 하마터면 돈을 허비할 뻔했지 뭔가. 돈을 가져가는 데는 일 분도 걸리지 않았으니 눈 깜짝할 사이 당한 기분이 들었다. 내 잘못은 생각하지도 않고 그 사람들만 나쁘다고 왕왕대는 내 꼴이 우습다.

그 일이 있은 지 불과 이틀이 지났다. 친구들과 점심을 먹고 있는데 전화가 왔다. 통신사 KT라며 그동안 인터넷과 전화를 장기간 사용해 주셔서 감사하다는 인사와 함께 텔레비전 유료채널을 포인트로 볼 수 있게 해준단다. 잠시 후 휴대전화로 인증번호가 갈 것이니 그 번호를 적어달라고 했다. 결제방법까지 자세히 알려주었다. 올레 클럽에 *표를 누르고 보면 4만 점까지 무료 시청이 가능하단다. 주민번호가 아니기에 의심도 없이 불러줬다. 조금 후 자기 클럽에 가입하여 감사하다며 각종 혜택을 열거한 문자가 떴다. 그날 밤중 내내 의심증은 꼬리에 꼬리를 물고 나의 잠을 앗아가 버렸다.

'주민번호가 아니었으니 괜찮을까? 우리 집 담당자라는 그 사람의

이름도 물어보지 않았으니 큰 낭패다. 보이스피싱에 속은 걸까?'

밤새 끙끙대다가 다음날 아침에 KT 지사로 달려갔다. 하필 들어간 곳이 휴대전화 판매장이었다. 직원이 대충 설명을 듣고 사기는 아닌 것 같은데 정확한 내용은 올레 지사에 가서 물어보라 했다. 여직원 안내로 효자동까지 찾아갔으나 그곳이 아니고 조금 전 우리가 들렀던 그 건물 2층이란다. 그 아가씨는 한 건물에 살면서도 KT 지사가 2층에 있는 줄도 몰랐단 말인가? 같은 아파트 앞집에 누가 사는지도 모르는 요즘 세태와 똑같아 씁쓸했다.

다시 KT 지사에 가기 싫어서 그냥 집으로 돌아왔다. 작년에 발부되었던 영수증을 찾아 담당자에게 전화했다. 어제 전화했던 그 사람이 전화를 받았다. KT가 분명했고 선심의 안내 전화였음을 확인하고서야 가슴을 쓸어내렸다.

요즘 보이스피싱 범인은 얼굴은 없고 소리만 있는 비겁하기 짝이 없는 비인간적인 사기꾼들이다. 아들의 납치극을 가장하여 혼비백산한 부모로부터 돈을 빼앗아 가는 행위가 얼마나 많던가? 수법도 다양해져서 걸핏하면 25만 원이 소액 결제된다 하니 전화기 쓰기도 겁난다.

Ⅱ. 희대의 사기꾼들

옛날 대동강 물을 팔아먹었던 봉이 김선달은 돈 많은 욕심쟁이만 속였지 마구잡이로 선량한 서민까지 속이진 않았다. 얼굴을 마주보며 속인 대담성도 있고 위트와 재치도 보여 후손들에게 웃음을 주는 애교 있는 도둑이 아니던가?

*2011년에 국제 희대 사기 행각이 방송되어 세상 사람들을 놀라게 했다. 스코틀랜드에 살던 '아서 퍼거슨'이란 사람은 영국으로 건너가 사기행각을 시작한다. 영국의 비밀 요원이라고 밝히며 정부가 막대한 부채를 갚기 위해 버킹엄 궁전과 런던의 건축물을 팔게 되었다며 은밀히 사기극을 펼친다.

첫 번째 사기극은 미국인에게 판 트래펄가 광장의 넬슨 기념 주柱이다. 이 기둥을 애정이 넘치고 올바르게 평가하는 사람에게만 판다고 홀려 6,000파운드(6억 6천만 원)나 받고 팔았다. 사람들이란 자기 분에 넘치는 칭찬을 받으면 이성을 잃기 쉬운가 보다. 이 기둥을 산 미국인은 행여 거래가 취소될까 염려되어 운송회사에 가서 소중히 운송해 달라고 부탁했다. 운송회사와 런던 경시청은 그런 일은 있을 수 없다며 사기당한 것이라고 말해줘도 믿지 않았단다. 주변 사람들이 미국인의 행동에 얼마나 황당했을까? 아서 퍼거슨은 그 후 영국 국회의사당에 붙어 있는 거대한 시계탑을 1,000파운드에 팔았고, 버킹엄 궁전 계약금으로 2,000파운드(현재 가치 약 2억 2천만 원)를 받았다. 얼마나 영악한 사기꾼인가. 가히 천재라고 할 수 있겠다. 그는 수배자가 되어서도 기막힌 변장술로 미국으로 도망간다.

미국에서도 도시 물정에 어두운 시골 대지주들을 상대로 백악관을 99년간 임대해주는 조건으로 10만 달러(약 47억 원)를 받았단다. 허영심에 들뜬 사람들과 아서 퍼거슨이 죽이 척척 잘 맞은 탓에 이런 사기극이 이루어졌을 것이다.

마지막 은퇴기념으로 미국의 상징인 자유의 여신상을 팔기로 마음먹었다. 호주의 부유한 관광객에게 접근해 치밀한 계획을 펼쳤지만, 의심하기 시작한 호주 관광객의 신고로 결국 경찰에 붙잡히고 말았다. 거래 기념으로 찍은 사진이 아서 퍼거슨의 꼬리를 잡게 한 것이다. 치밀한 사기꾼도 아차 하는 순간에 사진을 찍고 말았으니 허세가 광기狂氣에 달했었나 보다.

이 정도면 사기꾼의 대부라 불러도 되지 않겠는가? 황당한 괴짜 행각에 전 세계 사람들은 손뼉을 치며 웃음을 터뜨렸다.

일본의 대 사기꾼 '하라다 미쓰오'는 1956년부터 일반인을 대상으로 일본우주여행협회(Japan asrtonatical society)라는 단체를 조직하여 연회비를 받고 회원을 모집했다. 회원들에게 화성의 땅 10만 평을 200엔씩 받고 분양을 해줬단다. 당대 최고 유명인들과 일반인까지 무려 5,000명이나 몰려들었고 극작가 '아오에 슌지로우'라는 사람은 1,000엔을 내고 땅을 샀단다. 분양 후 '화성 지주 대회'라는 행사까지 벌였다. 수십 대의 망원경을 놓고 분양받은 자들이 자기의 땅을 관측하는 행사였다. 사기꾼에 놀아난 허영덩어리들의 파티였다. 이런 그를 사기로 내몰지 않고 오히려 일본 과학 발전에 이바지한 훌륭한 과학자요, 많은 아이에게 꿈과 희망을 준 교육자라고 칭송을 한단다. 거짓도 사기도 정치에 이용하는 간사스러운 일본 사람들이니까 그럴 수도 있겠다. 그러니까 눈앞에 보이는 독도나 센가쿠 열도가 자기네 땅이라고 우기지.

보이스피싱 범인들도 글로벌 시대에 걸맞게 국제적으로 연합하여 공공의 적 일본 사람들에게 금성이라도 분양해주면 어떨까? 반가운 소식을 전해주는 전화벨 소리에 가슴 두근거리는 선량한 사람들을 울리지 말고 말이다. 그러면 사람들은 '남을 속이는 것도 이렇게 통쾌하구나.' 생각하고 발을 구르며 박수를 보내 줄 텐데…….

(2014. 1. 12.)

발목 잡힌 편지글

그 남자는 찢어진 청바지를 입고 시집을 읽고 있었다. 햇살이 스며드는 ○○○ 도서관의 창문 옆에서……. 훤칠한 키에 찢어진 청바지가 잘 어울리는 차림새가 꼭 부잣집 도련님의 객기 넘치는 멋으로 보였다. 여자의 눈에 명태 껍질이 덮인 순간이었다. 그 남자의 눈에도 조용히 앉아서 책을 읽고 있던, 온순해 보이는 그 여자가 맘에 들었다. 우연히 마주친 두 사람의 눈은 시집으로 옮겨 갔고 스무 살에 시작된 대화는 지금까지 48년간 이어지고 있다. 일부러 서 있었을까? 도서관에서는 앉아서 책을 읽어야지……. 지금 생각하면 여자를 꼬이려는 행동이었는지도 모를 일이다.

여자는 가난을 잘 몰랐기 때문에 그 남자가 그렇게 가난하리라고는 생각하지 못했다. 힘들었던 그 시기에 서울에서 대학생활을 하고 있었으니 어찌 형편이 어려운 집의 아들로 생각할 수 있었겠는가? 여자는 순창에서 교편생활을 했고 그 남자는 서울에서 학교에 다녀야 했기 때문에 편지로 이야기할 수밖에 없었다.

> 등불의 심지가 또 하나 마른다/ 사랑하는 너의 모습 그 속에 있어/ 어둑한 그 불빛에 기름 다시 붓는다/ 별 없는 사하라의 검은 사막 위에서/ 목자가 찾는 열망처럼/ 나는 지금 희미한 작은 등불 안에서/ 너를 기린다/ 산녘 길 돌아돌아 비탈길 넘어오는 너의 치맛자락이/ 가물거리는 꽃불 안에 어른거린다/ 어둠 깔린 징검다릴 짚는/ 너의 조심한 발자국 소리/ 흔들리는 등불에 설핏 들린다/ 너의 커단 맑은 눈동자/ 호수만 하게 나를 움켜잡으면/ 그리움에 동공은 엷은 눈물 어린다/ 모둠발 세워 그리운 너를 기다리지만/ 안타까운 초상만을 남겨둔 채로/ 밤이 져간다 등불이 운다/ 낙엽 밟는 소리마냥 가슴이 탄다/ 그리움에 쌓여 부르는 연가처럼/ 등불의 심지가 또 하나 마른다/ 등불이 탄다

여자가 「열망」이라고 제목을 붙여준 그 남자의 시다. 이런 시를 편지로 받으면 녹아나지 않을 여자가 어디 있겠는가? 그는 가난에 찌들면서도 대학 생활을 포기하지 않고 경기도 광명시 철산동에서 자취하며 이문동 F대학교까지 다녔다. 그가 자취하는 집은 언덕지고 외진 시골 동네에 있었다. 외로움 속에서 얼마나 간절한 사랑의

시를 구워냈겠는가? 그 남자는 편지 속에 꼬박꼬박 시를 지어 보냈다. 세상 물정에 어둡고 영악하지 못했던 여자는 그만 그 시에 꼴깍 넘어가고 말았다. 여자가 손수 만든 편지지에 정성을 다해 눌러쓴 편지글은 그 남자에게도 감동이었다. 색상지 한쪽을 접어 0.5cm 넓이로 선을 긋고 날카로운 면도날로 빗금 치듯 저민다. 종이를 펴면 V자 모양의 잘린 모양이 나타나는데, 그것을 한 칸씩 건너 접어 넘기면 마치 수놓은 것처럼 예쁜 무늬가 만들어진다. 그녀만이 만든 이 세상에 하나뿐인 편지지였다.

만날 때마다 그가 줄줄 외우는 외국 시와 우리 시인들의 시도 그녀의 마음을 빼앗아 갔다. 하이네나 릴케의 달콤한 사랑의 시도 좋았지만, 그 남자의 자작시는 그들의 시에 비할 바가 아니었다. 오가는 편지는 사랑보다 더 진한 정으로 익어갔고, 그 남자가 군대생활을 해결할 때까지 6년을 기꺼이 기다리는 힘이 되었다. 그동안 찌들게 가난한 집안 형편도 다 알게 되었지만 이미 익을 대로 익어버린 정을 어쩌지 못했다.

많은 편지 속의 시 중에 두 편을 골라 어설픈 솜씨나마 곡을 붙였으니 그 남자 작시 그 여자 작곡의 가곡이 탄생하게 된 것이다. 1971년도에 작곡한 것이니까 43년을 그냥 보관만 하고 있다. 전문가가 아니니 어설프지만 그래도 그들에겐 보물로 남아 있다. 아직 발표한 일이 없지만 언젠가 그들의 가족 앞에서 연주해 보리라 마음먹고 있다. 긴 연애 시절에 속상한 일로 헤어지자고 마음먹기도 했었지만 「그리움」이란 이 시에 또다시 발목을 잡혔다.

날이 가면 잊힌다 하지만/ 아직은 먼 세월이 아니 흐른 지금/
그러기에 이토록 그리울까요/ 황촛불 타는 듯이 세월이 가면/
초저녁 밤 꿈길마냥 잊힌다지만 ……
(이하 생략)

요즘 젊은이들은 쉽게 만나고 헤어지는 것 같아 마음이 아프다. 인생은 결코 동화가 아니다. 내가 공주가 아닌데 백마 탄 왕자가 나타날 리 없고 왕자가 아닌데 어찌 왕국을 물려받을 수 있겠는가? 어떤 누구도 항상 장밋빛 인생만을 누리고 살 수는 없다. 진정으로 사랑한다면 자기의 희생도 필요하지 않겠는가?

*'이 또한 다 지나가리라.' 솔로몬이 참으로 훌륭한 명언을 했다. 그들의 기쁨과 슬픔도 다 지나갔는데, 우리의 이 순간인들 지나가지 않겠는가? 금방 죽을 듯이 괴로운 일도 지나고 보면 아무것도 아니다.

우리나라 이혼율이 OECD 가입국 중 세 번째로 높다고 하니 정말 심각한 문제가 아닐 수 없다. 젊은 시절에 맺힌 한이 많아서인지 요즘엔 노인들의 황혼이혼까지 늘고 있어서 가정의 질서가 무너지는 것 같다. 그러기에 서로의 인격을 존중하며 살아야 한다. '내가 아닌 너'로 살아갈 때 부부간의 괴로운 사연도 이겨내리라. 젊음이란 얼마나 큰 재산이던가! 그 재산을 관리하고 불려 나갈 수 있는 것은 오직 젊은이들만의 특권이 아니겠는가? 젊은 그들이 소중한 가족과 함께 열심히 노력하여 영원히 행복한 미소를 짓기 바란다.

시를 읽던 남자와 여자도 수많은 갈등을 인내해 왔기에 지금 아픔과 상처마저도 추억이라며 노래 부르고 있지 않은가!

* 이 또한 다 지나가리라: 다윗 왕이 전쟁 승리의 기념으로 만든 반지에 솔로몬 왕자가 자만하지 말라는 뜻으로 지은 이 글귀를 새겨 넣었다.

(2014. 5. 9.)

이팝나무의 미소

저녁이 여물어가도 돌이네 부엌엔 온기가 없었다. 또 저녁밥이 없는 날이었다. 아이는 배가 고파 훌쩍이고, 가슴 아픈 어미는 끅끅 울음소리를 논두렁의 개구리 소리에 묻었다. 매일 밤마다 산자락에서 들려오는 소쩍새의

"솥 적다 솥 적다."

울음소리는 보릿고개의 설움을 보태어 바람에 날리고 있었다. 어두운 밤보다 더 캄캄해지는 눈을 감고 하얗게 바래져 가는 머리를 흔들며, 아비는 야속하게 떠 있는 보름달보다 더 큰 구멍으로 가슴을 헤집고 있었다. '아이들이 굶고 있다!' 밤새 뜬눈으로 지새운 아

비와 어미의 허기진 눈에 아침을 여는 햇살을 타고 쌀밥이 둥실둥실 허공에 떠 있었다. 아기의 배를 채워 줄 쌀밥이 저기 저 나무 끝에……. 서럽게도 그건 이팝나무의 하얀 꽃들이었다.

1950년대까지 우리나라는 이렇게 가난했었다. 조선 시대엔 더욱 심해 일반 백성은 초근목피로 연명할 때였다. 얼마나 굶고 살았기에 나무에서 피어난 꽃이 쌀밥으로 보였겠는가? 부황난 백성 눈에 임금님과 왕족들만 먹었다는 그 하얀 쌀밥이 저 나무에 잔뜩 피어 있는 것으로 보였을 것이다. 굶는 날이 먹는 날보다 더 많았던 가난한 사람들의 착시현상이었으리라. 그때부터 그 나무를 이씨들만 먹던 '이밥나무'라고 했다는데 후에 '이팝나무'로 바꿔 부르게 되었단다.

이팝나무에는 또 다른 전설이 있다. 옛날에 어떤 처녀가 시집을 갔는데 *결곡해서 마을 사람들로부터 칭송이 자자했다. 하지만 시집살이는 고추의 매운맛보다 강하고 지독하여 이웃 사람들은 그녀를 매우 불쌍히 여겼다. 제삿날이 돌아왔다. 며느리는 잡곡밥만 짓다가 쌀로만 지으려니까 불안하고 초조해서 견딜 수가 없었다. 뜸이 잘 들었는지 보기 위해 솥을 열고 밥을 막 떠내는 순간 시어머니에게 들켜버렸다. 못된 것이 부정 타게 조상님께 드릴 맷밥을 먼저 퍼먹었다는 누명을 쓰고 변명 한 마디도 못 한 채 무차별 폭행을 당해야 했다. 그다음 날, 며느리는 억장이 무너지는 심정을 안고 뒷산에서 목을 매 죽고 말았다. 그 자리에 한 그루의 나무가 자라났으니 그게 바로 쌀밥을 잔뜩 이고 나온 이팝나무란다.

옛날 시어머니들은 왜 그리 며느리를 못살게 굴었을까? 자기도 여자이고 딸을 낳아 길렀을 텐데, 정말 너무 심했던 것 같다. 오죽하면 「고추(당추唐椒－당초) 맵다 해도 시집살이 더 맵더라.」라는 시집살이 노래가 나왔을까? 온종일 힘들게 일해도 먹을 것은 항상 부족했으니 남을 사랑할 여유가 어디 있었겠는가? 배고픔은 짜증을 넘어 고통이었을 것이다. 그 시절에 남을 배려하는 '사랑'이라는 낱말은 타고난 천사 같은 심성을 가진 사람이거나, 부처님 가운데 토막 같다는 무던한 사람만이 할 수 있는 사치스러운 언어였을 게다. 대대로 내려온 '며느리의 설움'을 자기가 받아온 설움에 더 보태어 아래로 퍼붓지 않으면 다행이었으리라.

사랑도 받아본 사람이 남을 사랑할 줄 안다고 했다. 지금 이 시대의 시어머니들이 며느리를 감싸고 사랑해 주는 것도, 어쩌면 풍족한 생활이 사랑을 키워낼 수 있도록 도움을 준 것이 아닐까? 요즘 며느리 사랑이 도를 넘어 자신의 처지를 곤궁하게 만드는 일도 일어난다. 아들네 집에 가서 들어가지도 않고 만들어간 음식을 아파트 경비실에 맡기고 온대서야 말이 되는가! 시어머니의 위신은 스스로 지켜가면서 며느리 사랑도 적당히 할 일이다.

한국도로공사 수목원에 들어서니 커다란 나무가 시원한 그늘을 드리우고 있었다. 눈을 들어 올려다보니 하얀 떡가루가 온통 하늘을 덮고 있었다. 이팝나무, 바로 그 나무였다. 우리나라 고유 수종답게 깨끗하고 아름다웠다. 타원형의 둥그런 이파리는 뾰족한 것도 각진 것도 없이 모든 사람의 역경을 넉넉히 안아 줄 여유를 느끼게 한다. 줄기는 네 가지가 돌려나기로 되어 있으며 그 줄기 위에 길쭉길쭉한 하얀 꽃잎이 흐드러지게 피어 있었다. 배고픈 백성의 눈엔 저 꽃이 정말 쌀밥처럼 보였을까? 허기진 눈에는 난들난들 잘 퍼진 쌀밥처럼 보였을 것 같기도 하다. 부모들은 자기의 배고픈 설움보다 자식들의 배고픔을 벗겨주고 싶어, 저 꽃을 보며 기적이 일어나길 얼마나 빌고 또 빌었을까? 가뭄 속에 쩍쩍 갈라진 논바닥 같은 두 손은 자식들을 위해 기도했고, 후손의 복락을 *간결했으리라. 그 덕에 우린 세계 선진국 대열에 끼어 정말 설명이 필요 없는 코리언이 되지 않았겠는가? 이팝나무를 바라보며 배고파 울던 설움은 지나갔고 이제는 살이 찔 걸 염려하는 다이어트 열풍으로 바뀌었다.

"솥 적다. 솥 적다."

소쩍새의 울음소리가 발걸음을 가볍게 한다. 이젠 서럽지 않다.

* 결곡해서: 얼굴 생김새나 마음씨가 깨끗하고 야무지며 빈틈이 없어서
* 간결했으리라: 간절히 빌었으리라

(2013. 5. 22.)

자라지 않는 아이들

그날도 먼지를 흩날리며 뛰어다니는 아이들이 있었다. 아침부터 복도가 안개에 싸인 것처럼 자욱했다. 교실에 들어서자마자 아이들이 우르르 내 앞으로 몰렸다. 천진스러운 미소를 짓는 1학년 아이들의 모습은 언제 보아도 싱그럽다.

"안녕?"

하며 방긋 웃는 내 모습에 아이들도 기분 좋게 날개를 펴며 자리에 앉았다. 숙제 검사를 했다. '참 잘했어요.' 도장을 받은 아이들의 입이 귀에 걸렸다. 단골손님이 오늘도 어색한 몸짓으로 몸을 비비 꼰다. 숙제를 또 안 해온 모양이다. 약속한 대로 3대씩……? 엄마들한

테도 통보했던 허락받은 체벌이다. 그날은 그냥

"나는 약속을 지키지 않은 아이랍니다."

라는 말을 열 번 외우게 했다. 맞을 각오를 하며 눈을 꼭 감고 손에 힘을 잔뜩 주며 내밀던 녀석이

"앗싸!"

하며 자리에 앉는다. 제 아빠의 말이 법이라고 생각하는 녀석이다.

"사내로 태어나서 한 번 안 한다고 맘먹은 일은 끝까지 해서는 안 된다."

라는 아빠의 말을, 숙제를 안 하는 각오로 써먹는 녀석이다.

체벌, 요즘 꽤 시끄러운 사회 문제다. 난 완주군 '삼례'라는 고장의 유래를 아이들에게 많이 이야기해 주었다.

옛날 장원급제하여 금의환향하던 어느 원님이 한 나무 밑에서 행차를 멈추게 했다. 그는 말에서 내려 그 나무를 향해 세 번 큰절을 올렸다. 모두가 의아하여 여쭈니

"내가 이 나무 회초리로 종아리를 맞으며 공부하지 않았다면 어찌 지금의 내가 있을 수 있겠는가?"

그 뒤 이 고장을 세 번 예禮를 갖춘 고장이라 하여 '삼례參禮'라 하였다고 한다.

체벌은 모두가 심사숙고해야 할 문제다. 자식을 교육하는 데 따끔한 회초리는 꼭 필요한 것이라고 본다. 하나밖에 없는 금쪽같은 내 새끼의 종아리에 회초리 자국이 웬 말이냐는 식의 자식 교육은 자식을 망치고, 가정을 망치며, 나아가 사회와 국가도 망치게 되지 않을

까? 자기 잘못을 정확히 알고 맞는 매는 정신적인 충격이 아니라 장래를 위한 보약이다. 부모 못지않게 잘되라고 교육하는 사람이 바로 교사다. 아들딸 앞에서 담임을 불신하여 이리 굴리고 저리 굴리며 대화의 양념으로 삼는 부모들이 있다. 아이들이 무얼 보고 배울 것인가. 담임교사를 무시하면서 공부를 할 수 있겠는가? 선생님을 무시하는 그런 비난 버릇은 장차 부모에게 부메랑이 되어 날아갈 것이다.

'학교는 있으나 교육은 없다.'라는 교사들의 푸념이 날로 커지고 있다. 학생지도를 포기할 수밖에 없다는 선생님들의 하소연이 절규처럼 들려온다. 이래서야 장차 나라꼴이 어찌 되겠는가? 이제부터는 교사들의 사기를 북돋아 주었으면 좋겠다. 학생들 모두 신 나게 공부하면 그 아이들과 나라의 미래가 밝아올 것이다.

1교시를 막 시작하려는데 조부모와 함께 사는 숙이가 책상을 치며 울고 있었다. 뭐라고 넋두리까지 하며 책상을 치는데 저건 꼭 옛날 시골 할머니의 모습이었다.

"내가~ 여기에 돈 백 원을 놓아두었는데~ 누가 가져가고 없어요. 엉엉."

어른은 아이의 거울이다. 할머니가 저렇게 넋두리를 하는 모양이었다. 웃음을 참으며 다 같이 찾아보자고 했다. 아이들 모두 책상 밑을 기어 다니며 열심히 찾았다. 한 아이가 뒤쪽 교실바닥에서 돈을 찾아들고 나왔다. 스티커를 주며 칭찬해줬다. 눈물을 닦으며 돈을 받아가는 숙이의 몸에서 할아버지의 담배 냄새가 진동했다. 어젯밤에 또 이혼한 딸아이를 생각하다 담배로 속을 많이 태웠나

보다.

세월의 톱니바퀴를 수없이 돌리면서 맞춰 나가는 게 부부생활이다. 이혼하는 사람들은 어긋나는 톱니바퀴를 고쳐 쓰려는 의지가 부족해서 그러지 않았을까? 후덕해 보이는 지인들의 남편을 칭찬하면 거의 모든 부인이 '한 달만 같이 살아보라.'라고 한다. 너 아니면 죽고 못 산다며 연애결혼을 했어도 살면서 부딪치는 일들이 어디 한두 가지던가? 이혼 생각을 안 해본 사람은 아마 하나도 없을 것이다. 모두 이해하고 포기하며 살아온 덕에 인생의 아름다운 노을을 함께 바라보는 행복을 맛보는 게 아니겠는가?

새벽 공기가 찼었나? 으슬으슬 추웠다. 머리가 지끈지끈 아팠다. 수업은 진행해야겠고 점점 힘이 풀려갔다. 안 되겠다 싶어 반장을 불렀다.

'감기 같아요. 약 좀 보내주세요.' 쪽지를 손에 쥐어 주며 보건실로 심부름을 보냈다. 잠깐 방심한 사이에 반장을 따라 서너 명이 함께 우당탕 보건실로 뛰어갔다. 교장실 옆을 저렇게 달리기하듯 뛰어갈 텐데 저걸 어쩌나? 반장이 전리품이라도 가져온 양 의기양양하게 약을 탁! 놓고 갔다. 심부름 갔다 온 녀석들이 서로 일러바치지 않고 조용한 것이 교장실을 무사히 지나온 것 같다.

물약 한 병과 알약 두 알이었다. 컵에 물을 따라 막 먹으려고 하는데 교실 문이 열리며 자모 한 분이 들어왔다. 서울에 간다면서 아이를 데리고 갔다. 자모는 가고 나는 약을 모두 먹었다. 한 시간이 지났는데도 온몸에 힘이 쫙 빠지고 나른해지며 목소리는 자꾸 작아졌다.

'오늘 선생님이 아프니까 좀 조용히 공부합시다.'

칠판에 써놓은 나의 소리 없는 호소에 아이들이 어리둥절한 채 잠시 조용해졌다. 그러나 10분도 안 되어 아이들의 떠드는 소리는 나의 말소리보다 더 커지고 장난꾸러기도 하나, 둘, 셋…… 점점 늘어갔다. 정말 1학년 담임교사는 아플 자유도 권리(?)도 없다. 쉬는 시간에 아예 팔을 뻗어 얼굴을 옆으로 받치고 엎드려 있었다. 한 아이가 종이쪽지를 들고 왔다.

"선생님, 이게 뭐예요?"

'응? 아침에 보건 선생님께 보낸 쪽지인데, 그 쪽지가 왜 굴러다닐까?'

'알약은 한 알만 드세요.'

'뭐, 한 알? 아! 안 돼. 이미 두 알 모두 먹어버렸는데…….'

뒷면에 답장이 있을 줄을 어찌 알았으랴.

정말 과한 것은 모자람만 못한 것을 실감한 하루였다.

"야, 너 목소리가 왜 그래? 어디 아파?"

오후에 걸려온 친구의 목소리가 저만큼에서 모깃소리처럼 윙윙댔다.

이제 그 아이들은 없다. 아니 그때 그 아이들의 모습은 이젠 없다. 그러나 그 순간의 모습들은 영원히 내 가슴속에 추억으로 남아 있을 것이다. 자라지 않는 여덟 살짜리 그 아이들로.

(2011. 6. 10.)

종합비타민 같은 축제

– 김제 지평선축제에 다녀와서

동산에 떠오르는 해님에게 입맞춤한 새들의 노랫소리가 한 옥타브 위다. 내 마음도 8분음표(♪)를 달고 승용차에 올랐다. 길 양옆에 가득 피어 있는 코스모스 꽃들이 소리 없는 합창으로 벽골제를 향해 달려가는 우리를 환영해 줬다. 8년 연속 최우수 문화관광축제로 자리 잡은 지평선축제가 올해도 어김없이 15년째 이어지고 있다.

벽골제 안으로 들어서니 커다란 풍선들이 꼬리를 단 채 하늘에서 춤을 추고 있었다. 군데군데 연출해 놓은 허수아비들은 지난해보다 세련된 모습으로 끼리끼리 즐거운 표정이었다. 각종 체험관이 눈길을 끌었다. '영인학당'에서는 두루마기 차림에 갓을 쓴 훈장이 아이들을 가르치고 있었다. 모처럼 한복을 입은 아이들이 제법 의젓하게 앉아서 글공부하는 모습이 마치 양반집 도령들 같았다. 한쪽에 마련된 음식코너에는 팔도의 음식이랑 세계의 음식이 다 모인 듯 식욕을 돋웠다. 어찌 음악이 없을쏘냐. 축제의 현장엔 어김없이 나타나는 우리나라의 엿장수공연이 한창이었다. 남미 사람들의 팬 플루트 음악 공연도 달콤하면서 애잔했다.

벽골제의 상징물인 쌍용을 만났다. 수만 개의 대나무를 엮어 만든 벽골제의 쌍용! 살아 움직일 것만 같은 대나무 쌍용이 여의주를 물었으니 이제 하늘로 오를 일만 남았다. 금방이라도 소리치며 달려들 듯 앞발에 불끈 힘이 든 것처럼 보였다. 하늘에는 여러 모양의 연이 날았다. 한 줄로 길게 늘어선 연들의 모습이 아름다웠다.

벽골제 앞으로 갔다. 벽골제는 서기 330년 백제의 11대 비류왕이 축조하였다. 통일신라 이후 여러 차례 개축 공사를 하면서 긴 세월을 견디어 온 것이 가상嘉尙했다. 저 넓은 김제평야를 비롯하여 정읍과 부안까지 1만 ha의 농경지에 물을 대주었다니, 호남평야의 젖줄 같은 저수지가 아니던가. 벽골제의 수문은 수여거, 장생거, 중심거, 경장거, 유통거 등 5개나 있었는데 현재 벽골제 단지 내에는 장생거가 있고, 남쪽 2km 밖에는 경장거가 남아 있어 그 당시의 규모를 증명해 주고 있었다. 과학적으로 농경문화를 발전시킨 조상의 지혜가 놀랍고 자랑스러웠다.

구경하다 보니 점심때가 되었다. 요즘 뱃속이 불안하여 음식을 조절 중이었다. 행사장에서 사서 먹는 밥도 깨끗하겠지만, 배탈이 염려되어 간단하게 도시락을 준비했다. 점심을 먹기에 적당한 곳을 찾아다녔다. 나무 그늘 밑 잔디밭에서 먹으면 싱그러운 풀냄새도 맡고 좋을 것 같았지만, 마땅히 앉을 자리가 없어 정자 안으로 들어갔다. 먼저 온 아주머니 둘이 떡을 먹으며 한창 이야기 중이었다. 그런데 갑자기

"뭐, 이런 데까지 도시락을 싸 와. 추접스럽게. 아무거나 밥 좀 사 먹으면 안 되나?"

하는 게 아닌가, 추접이라! 이 말은 추잡의 사투리지. 추잡이란, 말이나 행동이 더럽고 잡스러움을 말하는데 도시락 싸온 일이 그리 추잡한 일인가? 도시락을 펴야 하나 말아야 하나 망설이고 있는데

"형편에 따라 도시락을 싸 올 수도 있죠."

남편이 한마디 했다. 나는 무슨 잘못이라도 저지른 듯 조심스럽게 도시락을 펼쳐 놓았다. 우리에게 미안했던지 아주머니가 말을 이었다.

"풀밭에서 왜 먹어. 요즘 유행하는 쓰쓰가무시병도 모르는 모양이여. 얼마나 무서운디?"

참 내! 우리 마음속을 들여다보았나? '낭만도 모르는 아줌마들 같으니라고! 자기들은 떡은 왜 먹어? 밥이나 사 먹지!' 행사장에서 파는 따뜻한 음식도 맛있겠지만 어디 '사랑표 도시락'만 하겠는가? 뚱한 얼굴로 밥을 먹고 있는데 젊은 내외가 아이 둘과 함께 정자 안으로 들어와서 도시락을 풀었다. 도시락이 아닌 은박지에 밥이며 반찬을 싸 가지고 왔다. 오, 기발한 아이디어! 먹은 뒤 쓰레기통

에 버리면 무겁게 들고 다닐 필요도 없겠다! 이 사람들도 추잡스런 부류라 말할 것인가? 추잡하다고 말할 것 같으면 우리보다 두 배는 더 하지? 도시락도 아닌 은박지라니. 추잡스런 젊은 가족 덕분에 동족(?)이 하나 늘어 이제 안심해도 되겠다. 주위에 도시락을 먹는 사람들이 꽤 많았다. 더구나 풀밭 위에서의 여유만만한 점심이라니…….

추잡스럽다고 말했던 자기들이 부끄러워졌을까? 두 아주머니가 슬그머니 일어나 자리를 떴다. 우리도 일어나 농악 소리가 나는 곳으로 발길을 옮겼다. 정문 쪽 정자에 이르니 20여 명의 사람이 모여 앉아 축제에 참여한 자기 동네 사람들 이야기를 하고 있었다. 누구누구는 설렁탕을 사 먹고, 아무개는 비빔밥을 사 먹었으며, 이장이 5장씩 들어 있는 수수 전 10상자를 사 와서 잘 나눠 먹었다는 둥 수다를 떨었다. 그러더니 과수원집에선 도시락을 싸왔다고 돈 많은 사람이 그래서 쓰겠느냐는 둥 비난이 쏟아졌다. 그러면 조금 전에 만났던 아주머니들의 도시락 이야기가 우리에게 한 말이 아니었던가? 자기 동네의 누군가가 도시락을 싸서 지역축제에 협조하지 않은 인색함을 꼬집었던 말이었을까? 하필 그 순간에 우리가 도시락을 펼칠 수도 있었겠구나. 그 아주머니들은 우리에게 구태여 변명할 필요도 없었으리라. 그 사람들의 속내를 모르고 우리는 오해할 수밖에…….

부부싸움도 양쪽 말을 다 들어봐야 올바른 판결을 할 수 있다지 않은가. 그래서 조물주가, 말하는 혀를 단속하기 위해 이[齒牙]로 성

벽을 쌓고 입술로 또 하나의 성문을 만들었나 보다.

한 바퀴 돌다 보니 뱃속이 출출해졌다. 군밤의 구수한 냄새가 코끝에 와 닿았다. '돈을 이럴 때 안 벌면 언제 벌겠냐.'라는 군밤 장수의 속내를 뻔히 알면서도 속아주듯 그냥 비싼 군밤을 사 먹었다. 바가지요금 없는 정직하고 깔끔한 잔치라면 얼마나 좋을까?

기대가 크면 실망도 있게 마련이다. 지평선축제에 지평선이 보이지 않는다고들 한다. 지평선 끝에 건물과 집들이 눈에 걸리긴 하지만 경제발전의 소산所産이라고 기뻐하면 되지 않겠는가? 긍정적인 눈으로 보고 축하해 줄 일이다.

벽골제 축제는 놀이문화에만 그치지 않았다. '농경문화박물관'을 비롯하여 홍보영상 상영과 다목적 공간으로 활용한다는 '농경사 주제관', 나상묵 화가의 '벽촌미술관', 그리고 아름다운 전설을 전하고 있는 '단야각'과 '단야루', '우도농악관' 등 지식체험공간도 많았다. 벽골제 길 건너편에 있는 '조정래 아리랑문학관'은 문학을 사랑하는 사람들에게 유익한 공간이었다. 어쨌거나 볼거리, 먹을거리, 체험학습장, 지식전파공간까지 '김제지평선축제'는 한마디로 종합비타민 같은 잔치였다. 아름다운 이 축제가 더욱 다양하고 발전된 축제로 거듭났으면 좋겠다.

(2013. 10. 6.)

회장도 팔자에 있어야

오늘은 대학동창회가 있는 날이다. 신입회원 K가 한턱낸다고 해서 모처럼 교외로 나갔다. 남자 동창 4명도 특별히 초대되었다. 바다처럼 넓은 호숫가에서 잠시 세월을 잊은 동창들이 지난 이야기로 눈 위에 복사꽃을 그렸다. 맛있는 음식에 즐거운 이야기가 양념을 더하니 눈 덮인 호반의 음식 맛은 최고였다. 동창회 총무 임기가 1년인데 내가 다음 차례라고 했다. 어제까지만 해도 총무라고 하더니 회장으로 승격하자고 했다. 듣기에도 거북한, 아니 흐뭇한 회장 자리를 하나 더 꿰찬 셈이다. 회원이 13명이니 회장이 다시 되려면 13년을 기다려야 한다. 한 살이라도 덜 먹어 회장을 치르는 것도 그다지 나쁜 일은 아닐 것 같았다.

지난번엔 중학교 동창들이 나도 없는 자리에서 동창회 여자 회장직을 맡겨 놓고 헛칭찬만 잔뜩 늘어놓았다. 그것도 상임위원이라니 죽기 전까지 해마다 총동창회 일을 추진해야 할 참이다. 원인무효 소송이라도 내야 한다고 엄포를 놓으니 나 말고는 적임자가 없다는 둥 밑 살 빠진 소쿠리 비행기를 마구 태웠다. 지금까지 살아오면서 나름의 자리에서 온 힘을 다해온 지혜로운 친구들이었다. 회장이라면 자기들이 더 적임자이련만 자랑할 것도, 내세울 것도 없는 나를 회장으로 뽑았단 말인가. 역적모의하듯이 얼렁뚱땅 회장으로 만들어 놓고 모두 발뺌이었다. 어려운 부탁도 쉽게 물리치지 못하는 청맹과니 같은 내가 제일 만만했던 모양이다. 사실 회장이란 심부름꾼으로 봉사하는 것이지 뭔가.

대기업의 회장이라면 누구나 한 번쯤 해보고 싶은 매력적인 자리가 아닐까? 명예와 권력과 돈이 함께하는 그런 자리를 마다할 사람이 어디 있겠는가? 많은 회사원을 거느리고 관리하는 큰 회사의 회장! 낮은 계급의 직원들은 회장의 얼굴이나 한 번 제대로 볼 수 있을까? 모든 회장이 개인의 욕심보다 회사를 먼저 걱정하며 운영하는 사람이었으면 좋겠다. 청년 실업자들을 위해 정규직을 늘려주고 골목 상권일랑은 중소기업에 양보하는 회장만 있다면 얼마나 좋을까. 글로벌 시대에 맞게 세계 경제로 눈을 돌려 경쟁한다면, 국위선양은 물론 나라 사랑을 실천하는 지름길이 되지 않을까?

그것과는 비교도 안 되지만 나는 글자가 같은 회장이다. 그 어려운 회장을 회전의자도 없이 세 개씩이나 맡았다. 대학교 동창회장, 중학교 동창회장, 게다가 수필 반대표 회장까지 말이다. 나의 능력이 하늘을 찌르는 것일까? 횡령할 만한 자금도 없고, 배짱도 없으니 하늘을 찌르는 경거망동은 하지 말고 그저 열심히 심부름하며 회장 노릇을 잘해 볼 일이다.

회장이라 하여 마냥 고달프진 않다. 때로는 이익이 되는 회장도 있다. 20여 년 전 삼례초등학교에 근무할 때였다. 매달 여교사 회의를 교육청에서 했다. 완주군 전체 여교사가 참석할 수는 없어서 학교 대표 여교사만 회의에 참석했다. 삼례는 여교사가 많은 관계로 나이가 가장 많으신 분이 지회장이 되어 회의에 참석했다. 그런데 하필 여교사 회장을 뽑는 그달에 지회장이신 I 선생님이 바쁜 일로 참석할 수 없다면서 나더러 대신 참석해 달라고 했다. 교육청에서 회의가 끝난 뒤 여교사 회장단 선출이 시작되었다. 그냥 구경하듯이 앉아 있는데 누군가 나를 호명해 버리고 말았다. 놀라 아니라고 손사래를 쳤지만, 행여 또 다른 사람을 추천하여 회의가 길어질 것을 염려했던지 모두 손뼉을 쳐버리고 말았다. 공산당 대회도 아니고 손뼉만 치면 끝인가. 아무리 사양해도 할 수 없었다. 내성적이고 변변치도 못한 내가 누군가의 눈에 띄어 여교사 회장이 된 것은 도대체 뭘까? 대신 회의에 참석했다가 졸지에 여교사 회장을 하고 외국 연수의 행운을 잡은 것도 분명히 팔자에 있었던 모양이다.

엉겁결에 여교사 회장을 2년이나 하면서 학생들 장학금도 주어봤고, 불우 이웃돕기도 했으며, 왕궁 나환자촌도 찾아가 위로의 봉

투도 전달했다. 여교사 회장을 하니 좋은 일도 생겼다. 전라북도 교육청 주관으로 해외연수가 있었다. 각 시 · 군교육장이나 장학사 중 한 명과 교사 1명이 그 대상이었다. 완주군에서는 교육장과 여교사 1명이 해당되었는데, 여교사 회장을 하고 있던 덕에 내가 가게 되었다.

1995년, 처음으로 가는 해외연수였다. 호주와 뉴질랜드는 여태껏 구경 못 한 나라지만 학교 교육과정도 운영상황도 모범적이었다. 오후 시간은 대부분 체험학습 위주로 수영장, 체육관 등 현장학습을 하는데, 교사는 현장을 돌며 실습하는 학생들을 점검만 하면 되었다. 그때 전라북도의 교육 여건은 시설이 부족하여 교실에서 이론 지도나 간접교육을 할 수밖에 없었다. 호주와 뉴질랜드의 자연경관은 자연보호의 중요성을 알려 주는 또 하나의 살아 있는 연수였다. 오페라 하우스를 비롯한 멋진 건물들, 처음 접해보는 으리으리한 호텔 모습 등은 천혜의 비경과 함께 이루어낸 인간의 끝없는 도전이었다. 운동화에 먼지도 내려앉지 않게 자연을 보호하고 있는 그들의 정신은 높이 살만했다. 11박 12일이 짧게 여겨질 정도로 보람된 나날이었다. 이런 정도의 회장이라면 할 만하지 않은가. 이런 회장 자리 하나 줄 사람 어디 또 없을까?

(2012. 12. 31.)

4부
아버지의 그 슬픈 노래

晩節香 (宇觀 金鍾凡)

거울

귀한 손님이 온다고 말끔히 닦아 놓았나 보다. 구름 한 자락 날리지 않는 밤하늘이 검지도 않고 파랗다. 바람도 없는 모악산의 공기가 한가위 보름달을 바라보는 우리 식구들 마음처럼 상쾌하다. 아들, 며느리, 손자, 모두 모여서 추석 달 구경을 했다.

> 달, 달, 무슨 달/ 쟁반같이 둥근 달/ 어디 어디 떴나/ 남산 위에 떴지/ 달, 달, 무슨 달/ 낮과 같이 밝은 달/ 어디 어디 비추나/ 우리 동네 비추지/ 달, 달, 무슨 달/ 거울 같은 보름달/ 무엇 무엇 비추나/ 우리 얼굴 비추지

지금도 초등학교 1학년 때 배웠던 「달」 노래는 나를 국어책에 흠뻑 빠졌던 유년 시절로 데려다 준다. 남산이 서울에 있는 줄도 모르고 막연히 우리 동네에 있는 산이라 생각했었다. 동네를 비춰 주는 것은 당연한데 정말 거울과 같이 우리 얼굴을 비출 수 있는지 항상 궁금했었다.

동화책은 나를 상상의 나라로 데려가서 꿈을 넓혀줬다. 그중에서도 백설공주의 거울 이야기는 참 재미있었다. 계모는 거울을 보며 자기의 아름다움을 인정받고자 했다.

"거울아, 거울아, 이 세상에서 누가 제일 예쁘니?"

거울은, 왕비님이 이 세상에서 제일 예쁘다고 대답했지만, 백설공주에게 얼마나 미안했을까? 손자 가람이 말대로 왕비가 거울을 깨버릴까 봐 거짓말을 한 것일까? 백설공주가 있는 줄 몰랐다고 하면 직무태만이고, 백설공주가 너무 어렸기 때문이라고 변명한다면 양심을 져버린 의리 없는 거울이다. 요즘 의리 없는 거울을 닮은 사람들이 부쩍 늘어 우리를 슬프게 한다.

'거울' 하면 단정히 앉아 있는 얌전한 여인의 경대가 떠오른다. 조그마한 경대 앞에서 곱게 머리를 빗는 *박연옥 화백의 「미인도」를 보면 참 행복하다. 어머니에게도 그런 경대가 있었다. 거울 밑의 조그만 서랍에는 정갈한 여인의 머리를 단장하는 얼레빗도 있었고, 행여 자식의 머리에 이가 생길까 봐 걱정하던, 엄마가 '쎄훑이'라고 부르시던 참빗도 있었다. 머리를 단장할 때 쓰던 비녀도 서랍 속의 주인이었다. 아름다움과 사랑이 함께 담긴 서랍이었다. 어머니의 낭

자머리가 파마를 한 짧은 머리로 변하면서 경대는 화장대로 바뀌고 옥비녀는 나의 장난감이 되었다. 우리의 머리에서 이가 사라지자 참빗도 없어졌다.

그 뒤 우리 집엔 세 짝으로 된 장롱이 들어왔다. 가운데 장롱은 우묵하게 들어간 공간이 있었는데 앞면과 좌우左右 삼 면이 거울이었다. 얼굴을 쑥 들이밀면 내 모습이 오른쪽에도 왼쪽에도 한없이 늘어서 있었다. 꼭 도술道術을 부리는 홍길동 같았다. 신기하고 재미있어서 심심할 땐 자주 그곳에 머리를 디밀곤 했다. 나는 맨 앞의 내 모습보다 맨 끝의 내 얼굴을 찾고 싶었다. 까치발을 들고 이리저리 살펴봤지만, 한없이 이어지는 상像은 끝이 보이지 않았다. 어쩌면 거울 속의 상이 나의 인생 여정이었을까? 보이지 않던 그 부분은 알 수 없는 인생의 끝 부분이 아니었는지…….

얼굴은 마음의 거울이었다. 서울에서 근무할 때의 일이다. 땅만 쳐다보고 걷고 있는데

"양 선생님, 왜 울고 다니세요? 웃어요. 웃어."

하는 소리에 고개를 드니 같은 학년 ㄱ선생님이었다. 사사건건 나를 힘들게 하는 친척들 때문에 그 고뇌가 고스란히 내 얼굴에 나타났던 모양이다. 고발할 수도 없는 처지의 친척에게 집 한 채를 사기 당하고 말았으니 그 넓은 서울생활의 고달픔에 어찌 울고 싶지 않았겠는가. 그 선생님의 말씀을 듣는 순간부터 될 수 있는 한 웃으려고 노력했고 의식적으로 얼굴을 펴고 다녔다. 마음을 편히 가지려고 노력하니까 말씨도 고와지고 얼굴도 환해졌다. 얼굴이 곧 마음

의 거울이었던 것이다.

마음의 거울은 어린 학생들에게도 나타난다. 활짝 웃어야 할 어린아이가 어려운 환경 때문에 우울한 얼굴을 보이는 것만큼 가슴 아픈 일도 없다. 난 교사 시절에 학생들에게 거울을 가지고 다니라고 했다. 조회시간에 거울을 보고 웃으면서 수업을 시작했다. 처음에 어색해하던 아이들이 거울만 꺼내라면 좋아서 웃었다. 친구들과 싸움이 일어나면 싸운 사람끼리 거울을 보고 웃으라고 했다. 차츰 아이들의 웃는 얼굴이 많아지면서 교실의 분위기도 밝아졌다.

거울은 사람에게 용기를 주기도 한다. 못생긴 사람도 거울을 10분만 바라보고 있으면 예쁜 구석이 보여 '나도 이만하면 잘생겼구나.'하고 자신을 얻는단다.

지나간 잡지를 보며 깔깔 웃었다. 옛날 한양에 다녀온 남편이 부인에게 거울을 선물했다. 부인은 생전 처음 보는 물건이라 거울을 쳐다보고 깜짝 놀랐다. 거울 속에 예쁜 여자가 들어 있지 않은가? 부인은 어디서 이런 요망한 계집을 데려왔느냐고 화를 버럭 냈단다. 거울을 몰랐던 시절의 재미있는 이야기였다.

뭐가 그리 재미있느냐고 남편이 부른다.

'아, 저 얼굴!'

그의 얼굴이 나의 거울이었다. 아침에 눈을 뜨면서부터 저녁에 잘 때까지 가장 많이 바라보는 사람이 자기 얼굴보다도 짝의 얼굴이 아니던가? 자기의 거울 같은 배우자를 웃게도 울게도 하는 사람이 누구던가? 그건 상대방이 아니라 바로 나였다. 서로 깨진 거울이 되지 않게 소중히 다루고 잘 닦아서 좋은 모습을 보여줘야 할 것 같다. 바람만 불어도 흔들리는 *물거울이 아닌, 한참을 닦아도 흐릿한 청동거울이 아닌, 곧바로 환히 비치는 유리거울이어야겠다. 그러나 왼쪽 오른쪽을 슬쩍 바꿔놓고 시침을 딱 떼는 유리거울을 닮아서는 안 될 것 같다. 왼쪽은 왼쪽으로, 오른쪽은 오른쪽으로 비춰주는 정직한 거울이 되련다. 누구든 항상 활짝 웃는 부부의 거울이 되길 바란다.

* 박연옥 화백: 조선의 여인상인 「미인도」만을 30년 동안 그려온 화백
* 물거울: 거울이 없던 시절 물에 비친 모습을 보고 단장했던 최초의 거울

(2013. 9. 21.)

난리둥이와 방귀 소동

겨우내 움츠렸던 흙이 한 줄기 빗물로 목을 축이더니 촉촉하고 부드러워졌다. 그새 바람이 파스텔을 칠했나 보다. 영춘화며 복수초, 개나리까지 노란 웃음이다. 연분홍 수양매화가 달콤한 향기로 벌 · 나비를 부르는데 소나무 옆에서 진달래가 봉긋 입술을 내민다. 머지않아 동생이 사는 여수 영취산에도 진달래꽃이 온 산을 물들이겠다.

많은 형제자매가 있지만 바로 위아래에 있는 형제자매는 각별한 정이 있다. 내 바로 밑은 남동생이다. 동생은 태어난 지 일주일 만에 6 · 25가 터져서 떡 아기 적부터 피난을 다녔다. 어른들은 그 애를 '난리둥이'라고 불렀다. 그래서인지 항상 부산하고 장난꾸러기였다. 순창여중 교장 관사에서 살 때 운동장은 우리 집 마당이나 다름없었다. 초등학교에 다니던 동생은 여학생들을 골리고 나무 위로 올라가 약을 올리곤 했다. 교장 아들이라 차마 때릴 수도 없어 화만 내고 돌아간 여학생들이 많았다. 그러던 동생이 전주로 이사 와서 사춘기를 별 탈 없이 보내고 고등학생이 되었다. 평소 어찌나 소탈하고 털털하던지 운동화가 구멍이 나도 사달라는 말을 하지 않았다. 하루는 앞이 벌어진 운동화 속으로 금반지가 끼어들어 와 엄마에게 갖다 드린 일도 있었다. 떨어진 운동화가 효자라고 모두 웃었다.

우리 집 밥상머리교육은 매우 엄격했다. 다리를 뻗어도 안 되고, 턱을 괴고 앉아도 안 되었다. 젓가락도 엎어 놓으면 복을 엎어버린다 하여 못하게 했다. 말을 하면 침도 튀기고 밥알이 튀어나오니 조용히 먹으라고 하였다. 반찬도 뒤적이지 말고 한 번 집은 반찬은 꼭 갖다 먹어 다른 사람에게 피해를 주지 말라고 가르쳤다.

그런데 어느 날, 밥을 먹던 동생이 학교에서 시험 본 이야기를 했다. 시험 보는 도중에 방귀가 나오려고 해서 엉덩이를 이리 틀고 저리 틀며 막고 있었단다. 참다못해 터져 나온 방귀는

'뽀오-옹'

수줍은 처녀처럼 소리를 냈단다. 순간 아이들이 와하하하 웃음을 터뜨렸고, 멋쩍은 동생도 함께 따라 웃으니

'뿡뿡뿡뿡'

방귀도 웃음소리를 따라 계속 나왔단다. 밥을 먹던 식구들이 모두 박장대소를 했다. 평소 말씀이 적은 아버지도

"수선스러운 놈."

하면서 따라 웃으셨다. 밥알이 튀었어도 야단치지 않은 특별한 날이었다.

방귀 이야기만큼 부담 없이 웃기는 이야기도 드물 것이다. 인간의 기초적 신진대사 그 생리현상이 뭐 그리 부끄러울까?

여고 시절에 들었던 옛날이야기는 지금 어린이 동화책에도 나온다. 시집온 새색시가 얼굴이 노래지고 힘이 없어서 큰 병病이라도 난 줄 알고 염려했단다. 그런데 시부모가 어려워 방귀를 못 뀌어서 그랬다나? 시부모는 걱정하지 말고 뀌어보라고 했다. 시아버지는 기둥을 붙잡고 시어머니는 솥뚜껑을 잡으라 했다. 남편은 지붕을 붙들라고 해놓고 방귀를 마구 뀌어대니 시아버지는 기둥을 끌어안고 천장으로 올랐다가 땅바닥으로 뱅그르르, 시어머니는 아궁이로 들어갔다가 굴뚝으로 나오고, 남편은 흔들리는 집을 붙드느라 혼비백산…….

3년 동안 방귀를 참았던 며느리의 얼굴은 밝아졌지만, 집이 무너지고 난장판이 되어 결국 며느리는 시댁에서 쫓겨나게 되었다. 친정으로 돌아가는 발길은 납덩이처럼 무거웠으리라. 어느 들판에서 만난 배나무 장수가 높이 달린 배를 못 따서 애를 태우고 있었다. 그러자 며느리는 배나무 아래에서 신통방통한 방귀로 높이 달려 있던 배를 모두 따주었다. 장사꾼은 고마워서 비단이며 귀한 물건을

많이 주어 다시 시댁으로 돌아왔다는 이야기다. 말똥만 굴러가도 웃는다는 사춘기 소녀들을 교실 바닥에서 뒹굴며 웃게 했던 여고 시절 ㅇ선생님이 그립다.

방귀란, 음식이 소화되는 과정에서 생성된 가스가 항문으로 배출되는 것을 말한다. 우리가 식사를 빨리하거나 잘 씹지 않고 먹는 경우 공기를 많이 먹게 되어 방귀를 뀌게 된다. 성인은 하루 5~20번을 뀌는데 한 번에 25~100ml의 가스를 내뿜는다니 여러 명이 한꺼번에 뀌면 질식도 하겠다. 거의 모든 식품이 방귀를 유발하므로 꼭꼭 씹어 먹어야 할 것 같다. 소화가 잘된 '대포방귀'는 소리만 요란하지 냄새는 그다지 독하지 않다. 하지만 소화불량으로 나오는 '도둑방귀'는 코를 싸쥐게 한다. 방귀도 냄새만 없다면 괜찮을 텐데 메탄가스뿐만 아니라 아주 소량의 암모니아, 인돌, 스케톨과 같은 황화수소 때문에 냄새가 난다나?

방귀를 비유한 말들도 재미있다. 말없이 나가버린 사람에게 '삼베팬티에서 방귀 새나가듯 나갔다.'라는 이야기. 엉덩이를 토닥이며 '똥꼬 여물겠다.' 축복해주는 아기 방귀. 토끼가 제 방귀에 놀란다는 귀여운 방귀. 별로 유쾌하지 않은 비웃음을 대신하는 '콧방귀'. 방귀가 잦으면 똥 싸기 쉽다는 소문의 비유 등 많은 방귀 이야기는 우리를 미소 짓게 한다. 방귀 뀐 사람이 성낸다는 것은 순진한 사람들의 무안함을 표현한 것이 아닐까?

"그 사람 한때 잘 나갔던 사람이야. 방귀깨나 뀌던 사람이지."

방귀를 잘 뀌면 출세도 빠르다는 이야기인지, 출세하니 소화가 잘

되어 방귀를 뀐다는 말인지……. 행여 소화불량으로 독가스라도 뿜어댈까 염려스럽기도 하다. 우리도 하늘에 대고 방귀 한번 뀌어볼까? 하늘에서 별이라도 떨어지나 보게 말이다.

"각하 시원하시겠습니다!"

라는 알랑방귀는 배를 움켜쥐게 한다.

방귀를 줄여주는 식품으로 요구르트가 있다 하니 방귀가 심할 때 한번 먹어봄 직도 하겠다. 큇방귀 알랑방귀에도 특효가 있을지 누가 아는가?

그러나 방귀를 애타게 기다리는 사람들도 있다는 것을 잊지 말자. 수술하고 난 뒤에 나오는 방귀는 환자와 가족들을 안심시키는 반가운 가스다. 실체 없는 방귀 이야기는 이처럼 모든 이에게 즐거움을 준다. 더 많은 방귀 이야기로 답답한 세상을 시원하게 만들었으면 좋겠다.

방귀쟁이 내 동생은 지금 여수 남해화학에서 퇴직한 뒤 열심히 봉사활동을 하고 있다. 어른 공경 잘하고 아랫사람 사랑하는 천성은 아직도 순수함을 잃지 않고 있다. 아들과 딸이 낳은 손자 손녀를 사랑하는 푸근한 할아버지가 되어 행복을 가꾸고 있다. 곧 동생한테서 전화가 올 것 같다. 영취산 진달래꽃 구경 가자고…….

(2013. 3. 25.)

새알심

이웃이 없는 학교 관사는 밤이면 외로운 섬과도 같았다. 해가 지면 학교 뒤 봉황산은 커다란 날개를 펴서 운동장을 시꺼멓게 덮어버렸다. 어둠이 짙어질 무렵 때때로 봉황산인지 운동장인지 알 수 없는 곳에서 늑대 울음소리가 추운 밤공기를 흔들어댔다. 전쟁의 포화 속에서도 용케 살아남은 늑대는 전쟁보다 무서운 사람들을 피해 밤에만 숨어 울었던 게 아닐까? 사람들은 사람들대로 그런 늑대의 울음소리가 무서워 오금이 저렸을 것이다. '우-우-' 길게 울다가 어린애 울음소리도 내는 늑대 소리는 어른들조차도 대문 밖으로 선뜻 나설 수 없게 했다.

가끔 동네 가운데 사시는 이모할머니 댁에 놀러 갈 때도 밤이 깊기 전에 서둘러 집으로 돌아와야만 했다. 누군가 늑대에게 물렸다는 이야기를 들은 적은 없었지만, 늑대 울음소리는 우리 모두에게 공포의 대상이었다. 꼬리가 아홉 달린 여우 이야기는 시대를 초월한 전설이었다. 긴 치마를 입고 지나가는 여자들을 보면 꼬리가 보이지 않나 뒤따라가며 치마 밑을 흘끔거리기도 했다. 6 · 25전쟁 직후 주검이 널브러져 있던 때라 많은 귀신 이야기도 공기처럼 떠돌았다. 어둑어둑 낮 기운이 스러져 가는 초저녁에 귀신의 활동이 성하다는 얘기도 있었다. 난 행여 내 발목에 달걀귀신이 달라붙을까 봐 두 눈을 꼭 감고 깡충깡충 외발 뛰기를 하며 엄마한테 매달려 걸었다.

어렵던 그 시절에도 동지는 돌아왔다. 세시풍속을 지켜온 조상의 삶은 지혜와 멋으로 가득한 것 같다. 세시풍속은 예로부터 농사를 근본으로 살아온 생활 탓에 주로 농사일과 계절의 변화와 관계가 깊다. 고된 일상생활 속에서 힘든 일을 잠시 접어두고 몸과 마음의 휴식을 취했다. 늘 감사하는 마음으로 작은 것에서 즐거움을 찾으려 했던 조상의 지혜가 돋보인다. 정월 설날부터 시작하여 12월 섣달그믐날까지 놀이며 먹거리가 의미 깊고 재미있다.

고을마다 선행을 베푼 부자들의 이야기도 많다. 자기 집에서 반경 십 리 안에 굶어 죽는 사람이 없도록 쌀과 음식을 나눠 주었다는 부자들. 조상의 이웃사랑에 고개가 절로 숙여진다.

요즘에도 기부천사들이 많다. 어려운 생활을 하면서도 남을 도와준 아름다운 이야기가 모든 사람에게 감동을 주며 각자의 삶을 뒤

돌아보게 한다. 기부문화가 점점 확산되는 현상은 무척 바람직하다. 사람은 누가 뭐래도 먹는 문제가 으뜸이다. 조상은 먹거리를 먼저 생각하면서 세시풍속을 만들지 않았을까?

세시풍속 중 하나인 동지가 돌아왔다. 팥죽을 먹으면 한 살 더 먹는다는 작은 설이 돌아온 것이다. 엄마와 언니들은 온종일 팥죽을 만드느라 바빴다. 어린 우리도 새알심을 만든다고 둥근 상에 둘러앉아 손바닥을 굴려댔다. 언니가 가래떡 모양으로 길게 만들어 주면 동생과 나는 작은 도막을 내어 손바닥에서 굴려댔다. 어른들은 한꺼번에 3, 4개의 새알심을 손바닥에서 만들어냈다. 우리도 서너 조각을 굴려댔지만 모두 떨어지고 겨우 한 개만 남았다. 다시 가느다랗게 기둥을 만들고 똑똑 떼어서 만드니까 구슬만큼 작아졌다. 길쭉하게도 하고 눈사람 모양도 만들며 부쉈다 만들었다 한참을 주무르다 보면 새알심이 터져버렸다.

"그것 너 다 먹어라."

엄마가 핀잔을 주시면 나는 재미있어 까르르 웃곤 했다. 동생과 나는 팥죽을 먹고 나이 한 살씩 더 먹었다고 즐거워했다.

엄마는

"귀신은 붉은 팥을 무서워한단다."

하면서 집 안 곳곳에 팥죽을 뿌리고 다니셨다.

이튿날 아침이었다. 학교 앞에 사는 아주머니가 머리에 함박눈을 잔뜩 이고 찾아왔다.

"어젯밤에 팥죽 도둑맞지 않으셨어요?"

"팥죽을 도둑맞다니요? 무슨 팥죽?"

"그 미친 여자가 팥죽 널벅지를 머리에 이고 '양 교장 댁 팥죽 돌라간다(훔쳐간다)'라면서 떠들고 가던데요?"

장독대에 황망히 나갔던 어머니가 어이없는 표정으로 들어오셨다.

"가져갔네요. 거기 있는 줄 어떻게 알았을까? 어쩌겠어요? 먹고 싶어서 그랬나 봐요. 다시 끓이면 되죠! 뭐."

겨울바람 올올이 귀신 이야기가 스며 있어도 정신이 희미한 그녀는 무섭지 않았나 보다. 차갑고 팽팽한 추운 밤의 공기를 찢어대는 늑대의 울음소리도 그녀는 듣지 못했을까? 넓은 운동장 하얀 눈밭 위에 제 발자국이 꼭꼭 찍혀진대도 그녀에겐 상관없는 일이었을 게다. 오직 양 교장 댁의 그 팥죽 냄새만이 그녀의 모든 감각을 일깨워 동물적인 감각으로 먹잇감을 향해 돌진하도록 했나 보다. 헐벗은 사람을 봐도 지나치지 못하는 엄마가 먹고 싶어 가져간 음식을 어찌하시겠는가. 항상 헝클어진 머리카락에 해죽해죽 웃으며 정신이 오락가락하던 그 아줌마가 떠올라 엄마의 체념 어린 얼굴보다 걱정이 더 앞섰다. 나는 팥죽 한 그릇에 한 살씩을 더 먹게 된다고 믿었던 여섯 살의 순진한 어린아이였다.

'그 아줌마 어떡하지? 팥죽이 100그릇도 더 될 텐데……. 할머니 되어버리겠네.' 폭삭 늙어버릴 아줌마가 걱정되어 울상이 되었던 내 유년 시절을 생각하며 오늘 동짓날에도 살며시 미소를 지어본다.

(2011. 12. 22.)

설문대할망의 염원

새벽 4시다. '차라리 가지 말지. 눈이 벌써 며칠째인가. 비행기가 뜨기나 할까?' 다행히 대한항공여객기는 난기류로 인한 기체 흔들림을 이겨내며 동창생 부부들을 제주까지 무사히 데려다 주었다.

남편에게 제주도는 잊을 수 없는 곳이다. 마지막 공직 생활 2년을 마무리한 곳이기 때문이다. 뜻밖의 제주도 발령은 우릴 무척 당황하고 힘들게 했다. 우린 주말 부부, 방학 부부가 되어 제주도를 오갔다. 그이는 원하지 않았던 제주 생활이 즐거울 리가 없었다. 귀양살이하던 추사 김정희는 「세한도」를 창조하고 소나무 뒤에 외로운 자신을 안주시켰지만, 남편은 무얼 남겼을까? 키 183cm에 60kg도 못 미치는 체중으로 체력이 떨어지고 건강만 나빠졌다. 그러나 5년이 지난 지금 서럽던 그곳도 그리움이 고향처럼 남아 있는 곳이다.

교직 생활을 하던 난, 방학이 되어야만 제주에서 살 수 있었다. 속없는 나는 관광차 떠나는 여행객처럼 설렘으로 제주에 닿았고, 그인 외로움에서 해방되는 안도감으로 나를 반겼다. 우린 틈틈이 제주도의 골목골목을 누볐다. 육지에서 만나기엔 아직도 먼 야생화를 제주도 산사 눈 속에서 발견했을 땐, 신비한 남쪽 섬 제주도의 모습에 가벼운 탄성이 터져 나왔다.

제주도는 보면 볼수록 아름다운 천혜의 비경을 지닌 섬이다. 산과 들과 바다의 물빛이 어우러져 빼어나게 아름다운 곳이다. 원초의 자연이 살아 숨 쉬고 있으며 원형을 잃지 않은 독특한 섬이기도 하다. 1만 8천의 신이 살고 있다고 믿으며 신당만 해도 3백 곳이 넘는 곳이다. 그래서 전설과 신화가 가득하다. 설문대할망이 제주도를 창조했다는 얘기며, 한라산을 만들다 구멍 난 치마 사이로 새어나온 흙이 360여 개의 오름을 만들게 되었다는 전설도 있다. 사냥꾼이 옥황상제 옷 속에 숨은 사슴을 잡으려다 엉덩이를 건드렸다는 이야기, 그래서 화가 난 옥황상제가 한라산 정상을 뽑아 던져버린 것이 지금 남제주군에 있는 산방산이라는 재미있는 이야기도 있다.

그러나 제주도는 많은 빗물이 땅속으로 숨어버리는 화산섬이다. 물이 귀하니 논농사는 생각할 수도 없는 곳이다. 척박한 자연환경에 시집가기 전까지 쌀 3되만 먹어보면 다행이었다는 가난했던 섬. 지금도 좋은 땅을 육지 사람들에게 헐값으로 빼앗기고 서러워하는 섬. 몽골의 침입으로 1백여 년 이상 지배를 받았던 불행한 섬 제주도. 4·3사태 때 좌우익의 소용돌이 속에서 무고한 양민들의 수많은 주검을 지켜보아야만 했던 한 많은 땅 제주도이다. 해녀들의 숨비소리가 설움을 대신해 주는 듯 *가긍스럽다.

갑자기 일곱 살 어린 시절이 생각났다. 우리 집에서 임실초등학교에 가려면 반드시 경찰서 앞을 지나가야만 했다. 빨치산 색출이 한창이던 6·25전쟁 직후인 1953년경의 경찰서는 항상 앞마당에 무언가가 거적때기에 덮여 있었다. 나는 경찰서 앞을 지날 때마다 지독한 냄새에 고개를 돌려버렸다. 어린 나의 눈에는 거적때기만 보였을 뿐 그게 무엇인지 알지도 못했고 나에게 말해 주는 사람도 없었다. 훗날 들은 얘기지만 그 거적때기가 빨치산의 시체를 덮어 놓았던 것이라 했다. 무엇을 위하고 누구를 위한 주검들이었을까? 공산주의란 사상이 무엇인지 알기나 했을까? 같은 민족끼리 좌우익이 무엇이기에 이처럼 씻을 수 없는 상처를 남겨야만 했을까?

6·25전쟁으로 우리 외가도 적잖은 희생을 당했다. 불행하게도 외삼촌 두 분이 국회의원 동생이라는 죄만으로 전주교도소까지 잡혀갔다. 공산당들은 후퇴하면서 많은 민간인을 학살하고 떠났다. 총알도 아깝다 하며 곡괭이로 처단할 때 두 분도 희생되고 말았단다. 사랑하는 아내와 딸 하나씩만 남겨둔 채 *꽃무덤도 없이 영원히 못 올 그곳으로 두 분은 떠나버리고 만 것이다.

아직도 전쟁은 끝나지 않았는가? 천안함과 연평도 포격사건은 무엇으로 설명할 것인가. 그들을 얼마나 이해하고 용서해 줘야 하는가?

역사도 인생도 돌고 도는 모양이다. 칭기즈칸은 세계 최강의 기마군단으로 유럽과 아시아를 정복하며 인류 역사상 최대의 제국을 건설했다. 제주도까지 점령했던 그들의 후예들이 지금 이곳 제주도에서 입장료 몇 푼을 벌기 위해 마상 쇼를 펼치고 있다. 기껏 20여 평이나 될까 말까 한 원형 마당에서 달리고 싶은 말들의 본성을 억누르며 달리고 있는 것이다. 다람쥐 쳇바퀴 돌듯 채찍질을 하면서 먼지를 날리는 모습을 보며 묘한 역사의 아이러니를 느꼈다.

슬픔을 이겨낸 사람들의 모습은 온유하면서도 당당하다. 힘들었던 지난날을 당차게 이겨내며 부지런히 사는 외사촌 동생들의 아름다운 모습은 보는 것만으로도 행복하다.

제주도도 그래서 아름다운 것이 아닐까? 바닷물이 속절없이 아름답다. 모래 위에 일렁이는 누런 물빛은 여러 끼 굶은 제주도 사람들의 얼굴이었을까? 푸르스름하다 못해 검푸른 바다는 자식의 시체를 껴안고 몸부림치던 부모의 멍든 가슴이었으리라. 살아남은 이들에게 통한의 눈물을 쓸어 내려가게 한 저 바다도 제주를 거듭나게 하는 용기를 주었을 것이다. 우뚝 솟은 한라산이 그들의 시름을 안고 다독여준 가슴 넓은 어미가 되었었나 보다.

주상절리의 육모 기둥이 하늘을 향해 손을 뻗는다. 아픔을 딛고 하늘로 치솟는 제주의 기상이다. 서러운 제주 도민들의 눈물이 폭포가 되어 호탕하게 웃는다. 용서의 포말이 옷깃에 스며든다. 아름다움을 사랑하는 사람들이 모여들었다. 파도가 하얗게 달려오는 섭지코지의 해변 길과 외돌개의 올레길에도 관광객들이 넘쳐난다. 바닷물이 푸른 물감을 풀어 두루두루 펼쳐 놓은 듯 곱다. 성산 일출봉의 분화구가 넉넉한 마음으로 지난 세월을 말해주고 있다. 어느 한 곳 아름답지 않은 곳이 없다. 이렇게 웃으며 살라는 설문대할망의 염원이었나 보다.

유채꽃이 피었다. 눈 속에서 용서와 화해를 알리며 관광객들을 향해 노란 웃음을 터뜨리고 있다.

* 가긍스럽다: 불쌍하고 가여운 데가 있다.
* 꽃무덤: 아까운 나이에 죽은 젊은이의 무덤

(2010. 12. 12.)

아버지의 그 슬픈 노래

가슴이 철렁 내려앉았다. 오빠가 치매기가 있다니……. 폐암 판정을 받고 항암 주사를 두 번째 맞고 있는데 거기다 치매까지라니, 말도 안 되었다. 지난번 병문안 갔을 때 서울성모병원 성당에서 나오는 오빠가 내 손을 붙들고 한없이 울먹이던 모습이 눈에 선하다. 9남매 중 유독 정이 많아서 형제자매의 걱정을 모두 들어주고 챙겨주던 착한 오빠가 아니던가! 사색이 다 된 새언니의 모습이 더 안타까웠다. 우리 가족은 아버지가 치매로 돌아가셨기 때문에 모두 그 병에 예민하다. 중등학교 교장으로 퇴직한 아버지가 치매에 걸린 원인은 친구에게 빌려준 돈 때문이었다.

아버지 세대는 물론 지금도 퇴직금은 *내남없이 노후생활의 목숨줄과도 같은 돈이다. 어머니와 상의도 없이 평소에 알고 지내던 사업가 ○○○ 사장에게 퇴직금을 빌려준 것이 화근이었다. 끝내 그 돈은 돌아오지 않았고 *애성이를 삭이지 못한 아버지는 뇌졸중으로 쓰러지고 말았다. 입원과 퇴원을 반복하는 사이 치매라는 고약한 병에 사로잡혀 당신을 잃어버렸다.

1905년 대한제국 시절에 태어나서 역사 속의 산증인으로 사셨던 아버지다. 일제강점기에도 일본인에게 굴하지 않던 그 애국청년은 어디로 갔을까? 일본을 이기는 길은 공부밖에 없고, 조선인이 조선 학생을 가르쳐야 한다는 신념으로 경성사범학교[서울대학교사범대학 전신前身]에서 연습과 2년까지 7년을 공부했던 아버지! 그 위대한 선생님은 어디에서 누굴 가르치고 있는가? 우리 학생을 조센징이라 욕하며 때리는 일본 교감을, 주먹으로 날려 안경을 깨뜨린 뒤 사표를 내던진, 통 크고 당당했던 아버지였다. 중앙부처의 출셋길도 마다하고 고향 발전을 위해 남원 읍내를 개화시키던 *늘품 있던 선각자는 어디로 갔단 말인가? 슬픈 역사가 많아 우리 노래가 슬프다던 아버지……. 아버지가 작곡하신 교가는 많은 학교에 남아 있지만 이제 영원히 음악 이야기를 들을 수가 없다.

8 · 15광복을 맞아 학교에 돌아온 아버지가 운동장 조회를 하면서 학생들에게 광복의 기쁨을 얘기했단다. 학교에서 처음 듣는 조선말에 학생들은 "와!" 웃음을 터뜨렸다지 않는가? 화가 나신 아버지는

"정신들 차려라. 대한 사람이 내 나라 말을 하는데 웃기는 왜 웃

느냐?"
라고 호통을 치고, 지금까지 일본 놈들에게 당한 치욕스러운 역사를 결코 잊어서는 안 된다고 말씀하셨단다. 이제야 찾은 내 나라를 아끼고, 우리말을 사랑하자고 하면서

"우리는 대한의 아들딸이다. 우리는 대한의 아들딸이다."
라는 말을 여러 번 반복하더니 벅차오르는 감격을 참지 못하고 눈물을 흘리셨단다. 이에 학생들은

"만세!"
를 부르며 함께 눈물을 흘렸고 학교운동장은 온통 울음바다가 되었다고 했다. 오빠 언니들에게서 전해 들은 이 이야기는 아버지에 대한 나의 존경심을 가슴속 깊이 새겨주었다.

"엄마, 흠마."

엄마를 부르시는지 할머니를 찾는지 알 수 없는 울먹이는 '엄마' 소리는 치매를 앓고 있는 아버지가 아직 살아계시다는 슬픈 노래였다. 다른 말은 한 마디도 못하면서 왜 엄마만 부르셨을까? 60여 년 전 그 일 때문이었을까?

아버지께서 임실동중학교에 근무하시던 1956년 할머니께서 70세의 연세로 돌아가셨다. 할아버지 가신 지 15년 만의 일이었다. 할머니의 상여가 나가던 그날은 몹시도 추웠다. 흩날리는 눈보라 속에서 꽃상여는 보였다 사라졌다 하면서 눈이 녹듯 하얗게 바래져 갔다. 만장을 들었던 아저씨들은 요란스러운 바람에 쓸려 깃대와 함께 넘어졌다. 바람 소리와 사람들의 고함이 범벅되어, 날리는 눈조

차도 소리로 들려왔다. 상여 뒤를 따르던 아버지는 "아이고 아이고." 어머니와의 마지막 헤어지는 심정을 울음으로 쏟아냈다. 어머니의 주검을 슬퍼하던 외아들은 "어이쿠." 외마디를 지르며 발목을 감싸고 나동그라졌다. 금방 부어오른 발은 한 발짝도 뗄 수 없는데 상여는 앞으로 나아가기만 했다. 아버지는 일어서려고 애썼지만 "어머니!"를 부르는 통곡 소리는 몰아치는 바람 소리에 날아가 버리고 몸은 움직일 수가 없었다. 사람들에 의해 집 안으로 떠밀려 들어온 아버지의 절규가 모든 사람의 가슴을 먹먹하게 했다. 그렇게 할머니는 아들을 남겨둔 채 외로이 산으로 가셨다. 모두 외아들의 고생을 만류하느라 어머니가 주저앉혔나 보다고 위로했다.

장의차도 없던 그 시절, 엄동설한에 할머니를 고향인 남원 인월까지 모실 수는 없었다. 그래서 임실에 있는 외가外家 선산에 모셨다. 얼마 지나지 않아 외숙모가 공교롭게도 병이 났고 백약이 무효였다. 점쟁이가 외가 산에 성씨가 다른 송장이 누워 있어 조상이 노했으니 당장 파묘하라고 했단다. 아버지의 심정이 어떠하셨을까! 결국, 파묘하여 화장한 뒤 남원 요천수 맑은 물에 할머니를 *산골散骨하였다. 예로부터 자손에게 해가 없다고 하여 행한 일이었지만 아버지에겐 그 일이 평생 불효자의 멍에로 가슴을 짓눌렀었나 보다. 아버지는 생애 처음 배웠던 '엄마' 소리를, 74세에 생의 마지막 노래로 마침표를 찍었다.

치매환자가 15분마다 1명꼴로 생겨서 50여만 명이나 된다니 정말 큰일이다. 현대의학이 아직도 정복하지 못한 높은 고지의 병이다.

치매는 사람을 가리지 않는다. 잘난 사람에게도 특권이 없고, 못난 사람도 동정하지 않는다. 미국의 레이건 대통령은 대통령직을 물러난 뒤 *해비타트 운동을 하며 착한 생활을 했는데도 치매라는 알츠하이머에 걸렸다. 철의 여인이라 부르는 영국의 대처 총리도 그 병에 걸리지 않았던가?

스스로 예방법도 잘 알아서 대처하고 영양식과 운동도 꾸준히 하여 그 몹쓸 병에 발목 잡히는 일이 없어야겠다. 독서와 글 쓰는 일도 도움이 된다 하니 수필 쓰기도 열심히 할 일이다. 수명이 길면 뭘 하나. 건강한 모습으로 삶을 다하는 날까지 가족들에게 피해를 주지 않고 살다가 가야 하리라. 노망, 망령, 망발이라고 부르는 치매는 결코 곁에 두지 말아야 한다. 오빠는 다행히도 치매는 아니고 항암치료에 의한 일시적인 해리 현상이었단다. 하루하루를 소중히 여기며 정성을 다하는 오빠 내외가 보기에 아름답다.

* 내남없이: 나나 다른 사람이나 다 마찬가지로
* 애성이: 분하고 성나는 감정
* 늘품: 앞으로 좋게 발전할 가능성
* 산골(散骨): 화장하면 유골을 강이나 산에 뿌리는 것으로 삼국시대부터 있는 장례문화.
* 해비타트(Habitat for Humanity): 모든 사람에게 안락한 집이 있는 세상이라는 모토를 가지고 활동하는 단체. 빈민층을 없애고 모두가 편하게 쉴 수 있는 사랑의 집짓기 운동을 한다.

(2014. 3. 20.)

오빠랑 화투치나 봐라

친정 부모님의 기일이다. 제사를 모시려고 여수에 사는 동생 집에 가고 있다. 20년째다. 동생도 남편처럼 막둥이로 태어났지만, 부모님 제사를 모시고 있다. 제사가 많다 보니 여러 형제가 나눠서 모시는데 부모님은 막둥이 동생이 모시게 되었다. 누가 모신들 어떤가. 다 부모 은덕으로 자라온 자식들인 것을…….

예전에는 오빠 내외, 큰언니, 작은언니, 그리고 형부와 남편까지 9~10명씩 모여 제사를 모시곤 했다. 올해는 형부도 돌아가시고 언니 둘도 몸이 아파 참석하지 못했다. 아침 일찍 출발하여 여수에 도착하니 정오가 조금 넘었다.

제사 음식을 모두 장만하고 밖으로 나갔다. 동생의 집은 바다와 요트장이 한눈에 보이는 언덕 위의 금호아파트다. 집에서 큰길까지 내려가면 왼쪽으로 여천 조선소 유적지가 나온다. 이순신 장군이 나대용과 함께 거북선을 만들었다는 곳이다. 소호 요트장은 그 반대쪽인 오른편에 있다. 국제 경기가 가끔 열리고 주말이면 요트 동호인들이 많이 찾는 곳이라 한다.

소호 요트 경기장에 이르렀다. 겨울철이라 친구들을 떠나보낸 철[季節] 잃은 요트들이 길을 잃고 땅 위에 올라앉아 있었다. 이제 훈풍이 불기 시작하면 날개를 활짝 펴고 푸른 바다를 누빌 것이다. 그때가 되면 동생 내외는 바다가 보이는 고층 아파트 안방에서 오순도순 얘기하겠지. 몇 마리의 나비가 바다 위를 날고 있는지, 어느 것이 가장 아름다운지를…….

요트 경기장을 지나자 한적한 해안도로가 나왔다. 여수에 여러 번 갔지만, 오동도나 향일암만 다녀갔을 뿐이다. 향일암 가는 해안도로도 멋있지만 소박한 시골 동네를 끼고 도는 이 길 또한 아름답다. 화양면 장수리라는 곳에 이르니 장등 마을이 나왔다. 국토해양부가 선정한 아름다운 어촌 중의 한 곳이란다. 여수 사람들이 낙조가 아름다워서 자주 찾는 곳이라 했다. M 교단에서 그 일대를 대부분 사들여 교단의 휴양시설을 만들 계획이라는데, 이곳도 투기 바람에 가슴앓이 하는 사람들이 많았던 모양이다.

해안을 따라가다 보니 *도린결이 흙과 자갈을 안고 소박한 얼굴로 우릴 맞이했다. 이 길로 순천까지 갈 수 있다고 하니까 한가할 때 다시 와서 순천까지 가보리라 마음먹었다.

푸른 바다가 물비늘을 세우며 애교스런 몸짓으로 파들파들 떨었다. 또다시 내일의 만남을 약속하며 해님이 바다 속으로 사라졌다. 임을 보낸 바다가 핏빛으로 그리움을 삭일 무렵 우리는 동생 집으로 돌아왔다. 저녁을 먹고 제사상 차릴 시간까지 두 시간 정도 여유가 있었다.

"한판 붙자!"

오빠가 화투를 챙겨 들고 나와 고스톱을 치자고 하였다. 형부가 살아계실 땐 형부와 오빠, 동생이 팔을 휘두르며 화투짝을 철썩댔는데 지금은 한 사람이 모자랐다. 잡기에 취미가 없는 남편이 엉덩이를 밀고 뒤로 슬며시 물러났다. 오빠가 나를 끌어당겼다. 얼마나 아쉬웠으면 겨우 짝이나 맞출 정도의 나를 끌었을까. 마지못해 함께 자리했으나 상대방의 표를 어떻게 헤아리며 표를 치겠는가. 남의 약을 깨는 방법도 모르고 광이 나오면 허겁지겁 광부터 먹고 보니 그렇게 치면 어떻게 하느냐고 핀잔이 가득했다.

"어허, 그걸 내면 어떻게 해? 옆에서 고를 했으면 내가 피박 면하게 쌍피를 내줘야지."

"아까운 쌍피를 내놓으라고?"

보물보다 더 귀한 쌍피이고 광인데 왜 내놓아야 하는지 도무지 모르겠다. 오빠의 호통과 동생의 군소리는 화투의 현란한 무늬보다 더 어지러웠다.

"나 안 해. 오빠랑 다시 화투치나 봐라. 내가 오빠랑 화투치면 양씨에서 빠질 거다."

내가 앵돌아져서 씩씩대자 오빠가 화 안 낼 테니까 오빠 밑에서 치라고 했다. 그럼 피해는 또 동생이 보겠지? 아무튼, 제사상이 차려질 때까지 팔운동을 열심히 했다. 장님이 문고리 잡듯 내가 돈을 땄다. 하지만 우린 피를 나눈 형제가 아니던가. 돈을 모두 본인들에게 돌려주고 말았으니 몇 시간 동안 헛품만 팔았다. 그래도 웃고 떠들면서 무료한 시간을 잘 보냈다. 제사란 종교적 차원을 떠나서 이렇게 한자리에 모여 우애를 다지고 가계의 중요성을 일깨우라고 지냈던 것이 아닐까?

그런데 화투가 문제다. 화투란 원래 일본에서 만들어 일본 문화가 그대로 반영된 것이라 한다. 그들은 화투를 화찰花札, 또는 하나후다(はなふだ)라고 불렀는데, 19세기 말 부산과 시모노세키를 오가는 뱃사람들에 의해 한국에 들어오면서 화투로 불렸단다. 한국인 대부분은 화투에 숨겨진 일본 문화의 비밀코드에 대해서는 전혀 알지 못한다. 일본 고유의 세시풍속, 월별 잔치와 갖가지 행사, 풍습, 선호, 기원의식 심지어는 교육적인 교훈까지 담겨 있다 하니 일본 문화의 축소판이다. 그것도 모르면서 우리가 고스톱을 즐겨도 되는가?

또 다른 얘기로 농민들로 하여금 서로 *갈붙여 원수가 되도록 화투를 가르쳐 주었다는 얘기도 있다. 다정했던 이웃사촌이 재물을 탕진하고 서로 원수가 된 것은 말할 필요도 없다. 일제의 집요한 국민성 말살 정치가 실로 놀랍고 섬찍지근하다.

이런 사실을 알면서도 화투를 즐길 것인가? 우리의 고유풍속을 되찾아 윷놀이라도 즐길 일이다.

* 도린곁: 사람이 별로 가지 않는 외진 곳
* 갈붙여: 남을 헐뜯어 이간을 붙여

(2011. 2. 7.)

이제 다시는 서러워하지 않으리라

'찔레꽃 붉게 피는 남쪽 나라 내 고향 언덕 위에 초가삼간 그립습니다.'
로 시작하는 유행가가 있다. 어렸을 적부터 들어온 노래다. 난 여태껏 붉은 찔레꽃을 본 일이 없다. 그런데 왜 붉게 피었다고 했을까?

찔레꽃은 5월 중순경부터 햇빛이 잘 드는 산과 들에 흔히 피기 시작한다. 가시가 많아 '찌르는 나무'라 했던 것이 찔레나무로 변화되었다. 흰색이 대부분이나 때론 꽃잎 끝이 불그스름하게 물들기도 한다. 그 꽃은 수수한 산처녀처럼 수줍게 서 있으면서 주변을 온통 밝게 만들어버린다. 진한 분내를 풍기면서…….

옛날 자기 땅 한 평도 없는 소작인들은 손발이 다 닳도록 일만 했다. 양반 지주에게 다 바치고 나면 먹을 양식이 턱없이 부족했다. 일제강점기 땐 그나마도 모조리 공출되고 말았으니 먹을 것이 어디엔들 남아 있겠는가. 겨우 해방을 맞이하였으나 전 국토를 초토화했던 6 · 25 한국전쟁은 세계에서 꼴찌로부터 두 번째의 가난한 나라로 곤두박질치게 하고 말았다. 아프리카 킬리만자로의 산보다도 높다고 표현한 황금찬 시인의 시 「보릿고개」. 맞이하기도 싫고 피할 수도 없는 보릿고개. 배고픔의 세월은 길어지는 햇살만큼 더욱더 늘어가기만 했다.

1960년대까지만 해도 가난을 벗어나지 못하고 배고픔의 서러움으로 울먹여야 하는 국민이 허다했다. 허기진 자식들의 까만 눈망울을 바라보는 부모들의 가슴속에서는 붉은 선혈이 흘렀을 것이다. 그래서 찔레꽃을 붉다고 표현했을까?

송피를 벗겨도 묵묵히 대주고 있던 소나무와 함께, 찔레나무는 허기를 달래주던 고마운 나무이기도 했다. 초근목피로 연명해야만 했던 우리 국민이었다. 푸르스름하게 물이 오른 줄기를 내어주면서 가슴 아리는 동정심을 향기로 토해내고 있었는지도 모를 일이다.

> 엄마 일 가는 길에 하얀 찔레꽃/ 찔레꽃 하얀 잎은 맛도 좋지/ 배고픈 날 가만히 따 먹었다오/ 엄마엄마 부르며 따 먹었다오

밍밍한 그 찔레 순이 맛이 있으면 얼마나 맛이 있었겠는가. 어린

아이들이 부르던 동요마저 우릴 서글프게 만든다.

찔레꽃은 슬픈 전설의 꽃이다. 고려가 원나라의 지배를 받던 시절, 해마다 원나라에 공녀들을 보내야만 했다. 어느 산골에서 찔레와 동생 달래가 병든 아버지의 약값을 만들려고 나물과 약초를 캐다가 그만 관원에게 붙잡히고 말았다. 딱한 사정을 이야기하여 겨우 동생 달래만 집에 보내고 찔레는 원나라에 공녀로 보내졌다. 다행히 좋은 주인을 만나 10년 만에 고향에 돌아왔으나 집도, 아버지도, 달래도 사라지고 없었다. 옆집 할머니가 전해준 비보만 있을 뿐……. 아버지는 찔레가 잡혀가자 목매어 자살하고, 달래는 가출한 뒤 소식이 없다는 것이었다. 찔레는 동생을 찾아 산과 들을 헤매다가 눈이 펑펑 내리는 겨울에 쓰러져 죽고 만다. 이듬해 그 자리에 한 그루의 나무가 자라났으니 그게 곧 찔레나무였다. 찔레의 고운 마음은 눈처럼 하얀 꽃으로 피어났다. 가을에 맺게 되는 붉고 빨간 열매는 피를 토하는 찔레의 서러운 마음이라 한다. 찔레꽃은 사연만큼이나 꽃말도 많다. 온화, 고독, 자매의 우정, 신중한 사랑이라는 꽃말들이 그것이다. 귀엽고 앙증맞은 모습이 더욱 시리도록 아름답다.

그러나 슬픈 사연 말고도 향기만큼 화려한 이야기도 있다. 우리나라는 향수 문화가 발달하지는 않았지만 멋스러운 생활을 즐기는 선조가 많았었나 보다. 국화꽃처럼 향내 나는 꽃잎을 모아 베개 속에 넣어 숙면을 취하기도 하고, 향기로운 열매를 따서 향낭에 담아 겨울을 나기도 했었단다. 화장품이 없던 그 시절의 처녀들은 말린 꽃잎을 비벼 세수했다. 이 얼마나 멋스러운 삶이었던가. 찔레꽃도 증류시켜 화로수花露水 즉 꽃이슬이라 하는 향수를 만들어 썼다 하니 멋을 알고 다스려온 생활이 참으로 여유롭다.

지금도 찔레꽃은 화장수를 만들기도 하고, 웰빙 음식이라 하여 생채로 무쳐 먹기도 하며, 덖어서 차로 쓰기도 한다. 뿌리는 단단하여 불에 잘 타지 않기 때문에 담배 파이프나 고급 가구의 재료로도 쓰인다 하니 화려한 변신이 아닐 수 없다.

이제 다시는 배고파 서러워하지 않으리라. 세계 16위의 부자 나라가 되어 전 세계 배고픈 사람들의 손을 잡아주고 있지 않은가. 부지런하고 근면한 국민성으로 기적을 이루며 숨 가쁘게 달려온 게 우리다. 아직도 힘든 일이 많겠지만 매 순간 소중한 마음가짐으로 찔레꽃의 아름다운 향기만을 생각해야겠다.

산책하려고 골목길을 나서니 누군가 나를 확 잡아당겼다. 깜짝 놀라 돌아보니 돌담 사이의 하얀 꽃이 가시로 내 옷을 문 채 흐드러지게 웃고 있다. 가지를 벗겨내는 손끝을 가시가 찔러댄다. 따가운 감촉보다 더 진하고 달콤한 향기가 콧속 깊이 스며든다.

"아, 너였구나? 찔레꽃!"

(2011. 5. 29.)

제왕의 피눈물

내가 아프리카를 처음 대한 건 영화 「아웃 오브 아프리카(Out of Africa)」에서다. 카렌의 슬픈 사연보다 광활한 아프리카의 모습이 각인되어 꼭 한 번 다녀오고 싶은 대륙이었다.

붉은 노을 속에서 태양이 노랗게 바랬었다. 모차르트의 클라리넷 협주곡이 울려 퍼지면서 카렌(메릴스트립)과 데니스(로버트 레드포드)가 경비행기를 타고 사랑의 비행을 하고 있었다. 하늘 아래에 펼쳐지는 광활한 대지는 내게 시원하고 벅찬 감동을 주었다. 울창한 정글을 지나고 협곡을 지나 마침내 펼쳐지는 아프리카의 진풍경! 온갖 종류의 동물들이 무리지어 뛰어노는 그곳은 정녕 지상의 낙원이었다. 아름다운 얼룩말의 힘찬 말발굽 소리, 누 떼들의 그칠 줄 모르는 질주, 코끼리 떼의 대이동. 먹잇감을 잡기 위해 갈기를 휘날리며 달리는 사자의 모습은 동물의 제왕 모습 그대로였다. 이 모든 것은 싱싱하게 살아 있는 지구의 심장 박동소리였다. 경비행기에 날려 솟구쳐 오르는 홍학의 군무는 황홀하다 표현하기엔 너무도 부족한 몸짓이었다. 살아 있는 모든 것이 아름다움이라는 것을 전해주는 대서사시였다.

그러나 지난 11월 28일, 29일 이틀간 KBS 한국방송에서 방영된 「KBS 파노라마」의 아프리카 모습은 보는 동안 내내 나를 아프게 했다. 인간의 탐욕은 어디까지 가야 멈추게 될까? 얼마나 더 채워져야 그 잔인함을 버릴 수 있을까?

초원의 제왕 사자는 더는 제왕이 아니었다. 뿔이 있어서 불행한 코끼리와 코뿔소의 수난은 끝이 없었다. 돈벌이에 급급한 동물농장주와 외화벌이에 눈이 먼 남아프리카공화국은 윤리도 도덕도 상실한 철면피의 집단이었다. 야생동물 사냥이 8년 전부터 합법적으로 이루어졌다 하니, 사자의 보호도 멸종 위기에 처한 코뿔소와 코끼리의 목숨도 그들에겐 생명의 의미가 없었다. 오직 돈이었다.

태어난 지 채 5일도 안 된 사자 새끼를 어미로부터 빼앗아 「Lion Touch」 프로그램에 이용했다. 1시간 동안 어루만지고 데리고 노는 데 110달러, 6개월 자란 새끼와 1시간 반 산책하는 데 150달러를 받는단다. 사람으로부터 우유를 받아먹고 자란 새끼 사자는 더는 '사자의 새끼'가 아니었다. 조련사에게 몽둥이로 길들여진 사자는 나무에서 내려오지도 못하고 관광객들의 사진에 찍혀주는 모델 역할을 했다.

늙어버린 사자는 남아프리카 노스웨스트주의 또 다른 농장에 실려 갔다. 밀림에 풀어진 사자들은 미국, 독일, 이탈리아 등지에서 몰려온 사냥꾼들의 표적이 되어 총탄에, 더 스릴을 만끽하고 싶은 사냥꾼들의 화살받이가 되어 석궁을 맞고 쓰러져갔다. 낯선 환경에서 두렵고, 외롭고, 야생의 본성도 알지 못하고, 살상자마저 먹이를 가져온 사육사쯤으로 여긴 채……. 그 사자들은 죽임을 당하기 위해 태어난 무늬만 사자였다. 농장주들은 근친교배의 피해를 막기 위해 야생의 사자까지 포획하고 있으며, 더 큰 스릴을 만끽하고 싶은 사냥꾼들은 야생 사자마저 넘보고 있다니 야생 사자의 앞날이 어둡기만 하다. 다른 동물들도 남획되어 사냥 농장에서 사냥꾼의 총을 맞고 죽어나가고 있었다.

맹수라고 부르기엔 너무나도 나약한 그 동물들은 박제 공장에서 내장도 생명도 빼앗긴 봉제완구가 되어 사냥꾼들의 나라에 1억 원이 넘는 돈으로 팔려나간단다. 그 사냥꾼들은 그 거대한 박제를 진열해 놓고 무용담을 설파하리라. 내가 밀림 속에서 저 사자를 잡았노라고…….

고가高價의 박제도 주문이 쇄도한다니 인간의 양심은 돈으로 먹칠되어 인정도 감성도 피폐할 대로 피폐해졌다. 뼈는 중국을 비롯한 아시아에 보신용으로 팔리고 있다지 않은가! 사업으로 변신한 동물 사냥이 그냥 끝나기는 어려울 것 같다. 코뿔소 한 마리의 뿔에서 1억 원이 넘는 돈을 벌 수 있단다. 코뿔소가 코끼리와 더불어 밀렵의 최대 희생물이 된 까닭을 알 것 같다. 뿔을 송두리째 도륙당하고 죽어가는 코뿔소가 나를 슬프게 했다. 사람의 손이 들락거릴 정도로 깊이 파인 코끼리의 올무 상처를 보니 몸서리가 쳐졌다.

그래도 동물애호단체가 있어 다행스럽다. '프로트랙'이란 사설 경비업체가 코뿔소 밀렵 감시단을 만들어 코뿔소를 구하는 일에 앞장서고 있다. 세계 젊은이들이 자기 돈을 들여가면서까지 찾아온다니 정의로웠다. 혹독한 훈련마저 감수하는 이 젊은 동물애호가들에게 박수를 보낸다.

집단생활을 하며 끊임없이 스킨십을 하며 살아가는 코끼리의 사랑이 눈물겨웠다. 부상당한 코끼리의 울음소리를 듣고 달려오는 코끼리 떼의 다급한 모습은 가슴 뭉클한 감동이었다. 혼자 남겨질 때는 사람 못지않게 정신적 충격을 받고 우울증을 앓게 된단다. 고아 코끼리들이 갑자기 죽어버리는 이유가 유대감의 상실 때문이란다. 얼마나 정이 많은 동물인가.

케냐의 '챠보국립공원'에는 코끼리 보호 활동을 하는 특별감시대가 있고, '데이비드 쉘드릭 동물원'에서는 고아 코끼리들을 보살피고 있다. 코끼리 새끼가 여덟 살이 되면 야생에 방사된다. 방사된 코끼리는 야생에서 살다가도 다치거나 도움이 필요할 땐 스스로 이 동물원을 찾는다. 사람을 적이 아니라 친구로 알고 자기 안위를 의탁하러 오는 머리 좋은 코끼리들에게 인간으로서 부끄러움을 느낀다.

"이것은 사자도 고양이도 아닌 개요, 개!"

흐릿한 눈으로 바라보는 사자를 가리키며 자랑스럽다는 듯 관광객들에게 흐뭇한 미소를 짓던 비열한 조련사의 모습이 뇌리에서 떠나질 않는다. 남아 있는 야생동물들이 더 희생되지 않고, 사자가 사자답게 건재할 수 있는 건강한 아프리카가 영원하길 바란다.

(2013. 12. 1.)

증오와 용서

–영화 「하모니」를 보고

내가 눈물을 감추기에 충분한 어둠이었다. 비가 온다. 천장이 닫혀 있는데도 비는 내린다. 마음속을 헤집고 후벼대는 연민의 눈물은 흐르는 비라고 말해도 좋을 듯싶었다. 바이러스인가. 앞뒤에서도 소리 없는 눈물을 조용히 훔쳐내고 있었다.

사람에겐 자기 자신이 선택할 수 있는 것과 선택할 수 없는 것이 있다. 선택할 수 있는 것은 책, 옷, 가구 등 가게에서 쉽게 살 수 있는 물건들과 친구, 여행, 대학교 진학 등도 대부분 내 의지에 의해서 선택할 수 있다. 그러나 전혀 선택의 여지가 없는 것은 나의 탄생, 부모 형제, 국가와 시대 등이다. 대부분 사람은 비록 만족스럽지 못한 조건 속에 있더라도 운명에 순응하며 살고 있다. 자신의 길을 개척해 나가는 지혜가 있다면 세상은 살만할 것이다. 인간의 힘으로 어쩔 수 없는 운명이란 게 있을까? 맞닥뜨리지 말아야 했을 그 시각 그 순간이…….

선후배의 모임이 있는 날이었다. 오랜만에 반가운 얼굴들을 대하고 즐거운 식사를 하였다. 문화생활을 해 보자며 영화를 보았다. 여자 죄수가 아이를 출산하는 장면으로 시작되는 「하모니」라는 영화다. 교도소를 주제로 한 영화는 항상 긴장이 넘치고 소름이 끼치도록 무서운 폭력이 난무한다. 「하모니」는 여자교도소를 배경으로 한 영화인 탓인지 부드러웠다.

여죄수에겐 대동유아帶同乳兒란 제도가 있다. 산모 또는 임산부 여죄수들이 입소하면 아이가 생후 18개월 될 때까지 교도소에서 함께 생활할 수 있다고 한다. 18개월 후엔 친인척이나 시청, 군청 등 사회복지과에 입양을 의뢰해야만 한다. 영화의 주인공 정혜는 고아 출신이기 때문에 아이가 자라면 입양할 수밖에 없는 처지다. 아이의 돌잔치를 감방에서 몰래 벌이다가 교도관에게 발각되어 사진을 찢기기도 한다. 어느 날 정혜는 교도소 위문 공연을 온 합창단에 흠뻑 빠져버린다. 그리고는 교도소장에게 합창단을 결성하여 멋진 공연을 하면 아이와 1박 휴가를 보내달라는 어이없는 제안을 한다. 인정 많은 교도소장의 허락을 받고 막상 합창단을 조직해 보려 하지만 지도자도 반주자도 없는 상태다.

온갖 죄수들. 뱃속의 아이를 남편의 폭력으로부터 보호하기 위해 남편을 살해한 정혜, 의붓아버지의 상습적인 성폭행에 반항하다 의부를 우발적으로 살해한 유미, 믿고 의지했던 후배와 남편의 불륜을 감당하지 못하고 교통사고로 남편을 숨지게 한 살인자 문옥, 다행히 그녀가 음대 교수였다. 결국 합창단을 조직하지만, 여죄수들은 범죄만큼이나 음색도 가지가지였다. '음악은 마음의 문을 열어야 한다.'라는 문옥의 지도방법은 정말 얼음을 녹인 하늬바람이었다. 동병상련同病相憐이랄까? 한심스러웠던 노래 수준은 6개월 후 교도소 내의 모든 사람을 감동하게 할 정도로 성장했다. 드디어 두 사람의 특별외박은 이루어지지만, 그날이 민우가 18개월이 되는 날이었다. 곧바로 입양이라는 영원한 결별이 숙명처럼 기다리고 있었다. 어린 자식을 영원히 떼어 보내야 하는 어미의 찢어지는 심정은 관람객 모두의 마음으로 전이되었다.

4년 후 전국여성합창 발표회에 청주여자교도소의 합창단도 초대를 받게 된다. 발표회 날 반지 분실 사건으로 의심받은 여죄수들은 옷을 벗기는 수모와 공연취소라는 위기에 처한다. 그러나 "모든 책임은 내가 진다."라는 교도소장의 믿음으로 공연은 시작되었다.

공연 마지막에 다섯 살이 된 정혜의 아들 민우가 「크리스마스에는 축복을」이라는 노래를 부르며 아이들과 함께 무대에 오른다. 아이들은 여죄수의 손을 잡고 노래를 부르는데 민우가 정혜의 손을 잡고 노래를 한다. 엄마인 줄 꿈에도 모른 채……. 아들과 만나게 해준 양부모의 인간애도 눈물겨웠다. 정혜에게 준 크리스마스 선물, 아들의 유치원 작품과 성장 과정을 담은 사진! 정혜는 그 앨범을 가슴에 안고 처절히 몸부림친다. 여죄수들도 가족들과 눈물의 상봉을 하고 그동안 서로 미워했던 마음도 푼다. 아빠를 죽인 엄마, 그래서 살인자의 자식으로 고아처럼 슬프게 자란 딸이 엄마의 지휘하는 모습을 보고 꼭꼭 닫혔던 마음의 빗장을 열고 엄마를 용서한다. 그러나 너무 늦은 화해였다. 딸과 행복하게 하룻밤을 보내고 온 음악 교수 문옥에게 사형 집행이 기다리고 있었다. 모든 걸 체념하고 사형장을 향해 떠나는 그녀를 보내며 여죄수 모두 부모·형제보다 더 끈끈한 정으로 뭉친다. 그녀들은 엄마 같은 문옥을 보내며 「찔레꽃」이란 노래를 불러준다, 그 옛날 민우를 재우면서 불러줬던 문옥의 노래를…….

죄는 미워하되 사람은 미워하지 말라는 말도 있다. 영화 속의 죄인들은 로맨틱하게 그려지기도 한다. 그러나 죄라는 것은 누군가에게 피해를 준 행위이고 법을 어긴 것이기 때문에 법의 심판은 받아야 마땅하다. 그들이 지은 죄가 차라리 누명이라면 좋겠다. 어찌할 수 없는 상황에서 정당방위를 위한 행위였을 뿐 결코 계획적인 범죄는 절대 아니었다고 믿고 싶다. TV 광고 중 내 맘을 가장 아리고 슬프게 만드는 광고가 있다. 조그만 우산이 나뒹굴며 "싫어요. 안돼요. 엄마－"하는 아이의 울음소리! 가슴이 정말 오그라들 것같이 시리다. 아동성범죄자는 결코 용서해서는 안 된다고 생각한다. 성폭행을 당한 피해자 본인은 물론 가족들까지도 평생 크나큰 상처를 안고 살아가야 한다. 칡넝쿨처럼 줄기를 뻗어 모든 나무를 휘감아 황폐화시키는 그런 나무는 뿌리째 뽑아버려야 하지 않겠는가.

「하모니」는 조금은 어설프고 덜 익은 것 같은 구성도 있었지만, 감동적인 영화였다. 과격한 폭력이 난무하는 요즘 영화 속에서 이렇게 눈물을 흘릴 수 있는 감성영화를 만들어준 분들께 감사의 인사를 드리고 싶다.

(2010. 4. 15.)

청자의 눈물

경각산이 구름옷을 허리에 걸쳤다. 새들도 마당에 내려와 팥꽃나무 가지를 간질이며 해맞이를 즐겼다. 창문을 통해 찬바람이 으스스 한기를 몰아오는 것이 어느새 가을이 왔나 보다. 집 나간 며느리도 돌아온다는 전어 맛이 그리워 격포를 찾았다. 하늘빛이 파랗고 한가로이 떠 있는 뭉게구름은 오늘 우리 부부처럼 여유롭다.

오랜만에 찾은 채석강은 여전히 수만 권의 책을 쌓아 올린 것 같은 지층이 그 신비로움을 지니고 있었다. 싱싱한 전어들은 우리를 위해 횟감이 되어 솔숲이 우거진 고사포 해수욕장까지 따라왔다.

'오늘은 이게 우리 집이다.' 선포하듯 모래밭에 돗자리를 깔았다.

전어 회와 함께 못 먹는 소주를 반 잔이나 곁들이니 애주가가 따로 없다. 가을 하늘은 하얀 구름의 재롱에 외롭지 않고, 내 시야 가득한 바다는 갈매기들과 함께 파도치며 노래하고 있다. 조개를 캐는 사람들과 아이들도 한가로운 바다 풍경에 경쾌한 효과음을 냈다. '이런 게 행복이구나.' 저절로 입이 열렸다. 해안도로를 달리면서 영원하길 바랐던 우리의 청춘을 뒤돌아보았다.

돌아오는 길에 부안군 보안면 유천리에 있는 청자박물관에 들렀다. 비색의 청자 찻잔 형태로 지어졌다는 3층 건물은 매우 깔끔했다. 2층에 올라가니 청자 명품실이 있었다. 천 년 전 고려의 상감청자를 만날 수 있다는 것이 행운인 듯했다. 해설사는 우리가 서 있던 그 자리가 도요지였고, 이곳에서 발굴된 유물이 국립중앙박물관과 이화여자대학교 등 국내 유명박물관에도 소장되어 있다고 했다.

대표적인 고려청자에는 상감청자, 철화청자, 비색청자가 있다. 상감청자는 그릇 표면에 선이나 면으로 홈을 파서 홈에 다른 색깔의 흙을 메워 넣는 방법으로 무늬를 새긴 청자다. 철화청자는 철분이 함유된 물감을 사용한 청자이고, 비색청자는 무늬를 넣되 물감을 사용하지 않아서 푸른빛이 나는 아름다운 청자라는 것을 알았다. 비취색이란 물총새 등쪽의 파란 깃털 색을 말하는데, 수컷의 파란색은 비색이고 암컷의 파란색은 취색이라고 한단다. 그 둘을 합해서 비취색이라 한다니 비색청자는 물총새 수컷의 색깔이라고 봐야겠다. 아름다운 비색에 취해 전시실을 거닐고 있는데 청자로 만든 바둑판이 보였다. 바둑판의 몸통 4면이 정교한 조각으로 새겨져 영롱한 자태를 뽐냈다. 그 옆 칸엔 둥근 술통 모양의 야외 의자가 역시 아름다운 비색을 흘리고 앉아 있었다. 마음이 편안해야 멋도 부릴 수 있고, 문화도 태평연월에 발전했으리라. 고려 시대의 풍족한 생활이 비색 영롱한 청자의 탄생을 꾀하지 않았겠는가? 선조의 멋스러움을 상상하며 천 년 전의 풍류를 느꼈다.

우리 문화를 탐내던 일본은 임진왜란 당시 300여 명의 우리나라 도공들을 납치해갔다. 구로다 나카마사의 포로가 된 '팔산'이란 도공은 우리 조국에서 천대받던 천민이었다. 포로로 잡혀갔을 땐 죽을 줄 알았던 그가, 연봉 백미 350석(2억 원 상당)의 파격적인 대우를 받고 칼을 찬 무사 급으로 대접을 받았다고 한다. 그가 일본의 도자기 발전에 온 힘을 다한 것을 '목구멍이 포도청이다.'라는 죄명으로 매도해야 할까, 아니면 반역자라고 낙인을 찍어야 할까? 고국과 가족을 그리워하면서 한을 빚어냈고, 중국의 디자인을 접목하여 피[血]칠하듯이 그려냈으리라. 그건 아픔이요, 절규요, 죽도록 보고 싶은 그리움의 승화가 아니었겠는가. 분업으로 기계처럼 대량 생산까지 했으니 도둑질한 기술로 일본은 우리보다 10배 이상의 효과를 보며 전 세계의 도자기 시장을 누비게 되었다. 그랬으면 됐지 이제는 또 독도가 자기네 땅이라고 어린애같이 떼를 쓴단 말인가. 신사紳士로 자랐다면 신사神社참배는 그만하고, 남의 땅을 자기네 땅이라고 우기는 망발도 하지 말아야 할 것을……. 독도가 자기 땅이라고 우기는 것은 결국 남의 나라를 침탈했던 악랄한 강도질을 인정하는 꼴이다. 진정 성숙한 나라라면 후손들에게 부끄러운 조상이 되지 말고 잘못을 솔직하게 인정하고 사과하면서, 자라나는 아이들이 바르고 정직하게 살아가도록 가르쳐야 하지 않겠는가.

지금 우리나라는 현대과학을 동원하여도 고려청자의 비밀을 밝혀내지 못하고 있다. 겨우 90% 정도밖엔 재현하지 못한다 하니 실로 안타까운 일이 아닐 수 없다. 이는 도공들을 업신여겼던 사회 풍토가 소중한 문화를 계승하는 데 걸림돌이 되었기 때문이다. 살림에 도움도 되지 않고 기술도 어려운 그 길을 누가 걸으려 하겠는가?

이제부터라도 인간문화재들이 선조의 정신을 이어받아 전통예술 활동에 전념할 수 있도록 도와야 할 것 같다. 그러기 위해선 경제적인 뒷받침과 획기적인 대우가 필요하지 않겠는가? 진정한 애국이 무엇인지 깊이 생각해 볼 일이다.

(2012. 9. 9.)

5부

프라하의 낙서판

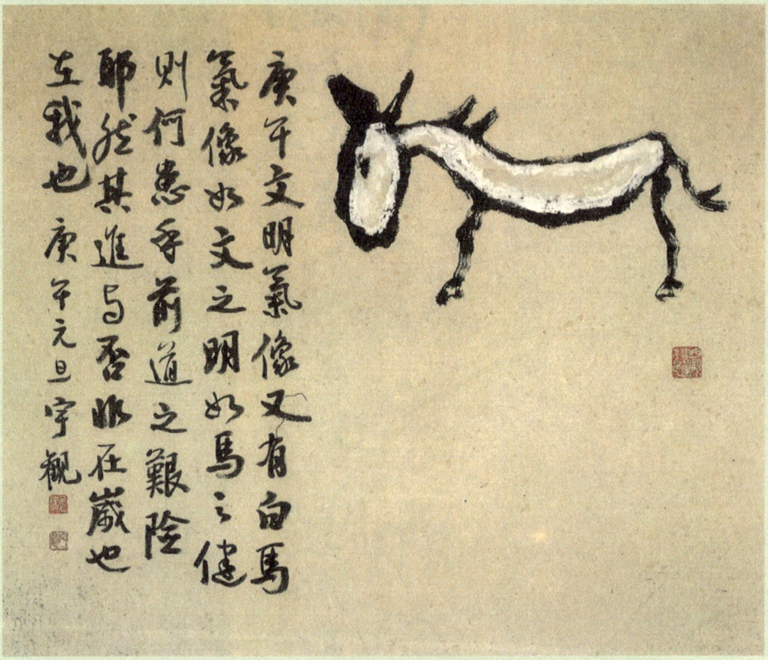

甲骨文(馬) (宇觀 金鍾凡)

국제 미아 따로 없다

어제 내린 눈으로 곱게 물든 단풍이 체코의 아침을 보석처럼 빛나게 했다. 단풍 위로 살포시 내린 눈은 폭설이 아니어서 얼마나 다행인가. 눈이 내려앉으니 파란 풀밭이 연둣빛 파스텔을 칠한 것 같다.

체코는 전쟁 하루 만에 항복한 겁쟁이 나라였다. 신성 로마제국의 수도로 한때 '100개 탑의 도시'라고 불리는 중세 유럽 문화의 중심지였다. 그 자존심이 다 어디로 갔을까? 나라도 빼앗기고 언어도 금지당하면서까지 국민생명을 구하고 문화재를 지켰노라고 변명할 것인가? 그러나 그 덕에 문화유산이 파손되지 않아 지금 관광수입이 국가재정에 커다란 도움이 되고 있다. 어느 것이 현명했는지는 알 수 없지만, 천 년 고도 프라하를 전 세계 사람들에게 보여줄 수 있다는 것은 다행한 일이다.

구 시가지 광장에 들어서니 중세 유럽의 멋진 건축물들이 하늘을 찌를 듯 웅장한 모습으로 서 있어서 영화로웠던 지난 세월을 말해주고 있었다. 아름다운 첨탑이 남녀 두 개의 성性을 상징한다는 틴 교회와 구 시청사 벽에 붙어 있는 천문시계도 화려했다. 1437년에 제작되었다는 이 시계는 천동설에 기초한 두 개의 원이 나란히 돌아갔다. 정각이 되면서 두 개의 원반 위에 있는 천사의 조각상 양옆으로 창문이 열리고, 죽음의 신이 울리는 종소리와 함께 그리스도의 열두 제자가 창 안쪽으로 천천히 나타났다가 사라졌다. 마지막으로 시계 위쪽에 있는 닭이 울면서 쇼는 끝났다. 천문시계를 뒤로하고 우리 일행은 카를교橋로 향했다.

카를교는 카를 4세가 당시 최고의 토목기술을 동원해 1406년에 완성했다는 낭만의 다리다. 신성 로마 제국 중 프라하를 최고의 왕국으로 만들었다는 왕은 카를교 이름으로 그곳에 영원히 살아 있었다. 다리 중간에 30여 개나 되는 커다란 조각상들은 마치 교상橋上 미술관을 보는 듯했다. 그중 별 다섯 개를 머리에 후광처럼 두른 '성聖 레포프치키' 동상이 특이했다. 소원을 들어준다는 속설로 동상의 아랫부분이 관광객들의 손때로 반질반질했다.

옛날엔 왕이 전쟁에 참여한 일이 많았단다. 바츨라프 4세가 전장에 나가 있는 동안 소피아 왕비는 한 장교와 사랑에 빠지고 말았다. 괴로웠던 왕비는 레포프치키 주교를 찾아가 고백성사를 했다. 그런데 누군가 그 내용을 엿듣고 왕에게 고해바쳤다. 왕은 왕비의 불륜을 캐기 위해 주교를 불러다 고해성사 내용을 캐물었다. 신부는 신자가 고백한 잘못을 비밀에 부쳐야만 한다. 레포프치키 주교가 왕비의 비밀을 끝까지 발설하지 않자, 화가 난 왕은 주교의 혀를 자르고 자루 속에 넣어 블타바 강에 빠뜨려 죽였다. 며칠 뒤 블타바 강에 어둠을 밝히는 광채가 나면서 다섯 개의 별이 떠올랐다. 주교의 시체가 발견된 것이다. 사람들은 약속을 지킨 성스러운 레포프치키 주교를 기리기 위해 동상을 만들고 머리 위에 별 다섯 개를 달아 다른 동상과 구별하고 있다. 신의를 지킨 주교님은 칭송받아 마땅하다. 외국 사람들의 윤리관은 우리와는 달리 사랑을 으뜸으로 여기는 것 같다. 삼총사의 달타냥도 왕비와 공작의 불륜을 감싸고도는 이야기가 아니던가? 만일 우리나라의 왕비가 다른 남자와 정을 통했다면 어찌 되었을까?

어둠이 내려앉은 프라하의 야경은 또 하나의 장관이었다. 곳곳에서 깜빡이는 불빛은 아름답다는 단어 하나로 표현하기엔 부족했다. 환하게 밝혀진 성당의 모습이 유리구슬의 만화경처럼 신비로웠다. 첨탑은 주변의 불빛 때문에 꼬리 달린 별처럼 영롱했다. 구 시청의 천문시계도 불빛을 받아 낮의 자태보다 더 고고한 자세로 노랗게 빛났다. 광장에 모여든 사람들이 여유롭게 출렁이며 왈츠를 추는 듯 흥겨웠다. 그 밤에 카를교에서 머리 위로 날아다니는 종이비행기 같은 새도 불빛에 잠을 잊은 나그네였던가? 프라하 성도 건너편 건물들도 화려한 불빛으로 보석처럼 빛나고 있었다. 블타바 강은

이 모든 것을 가슴에 안고 유유히 흐르고 나는 황홀경에 빠져 카를교를 건너고 있었다.

갑자기 우리 일행이 하나도 보이지 않았다. 아무리 두리번거려도 건장한 체구의 외국 사람들뿐이었다. 내 수첩에 가이드의 전화번호는 적혀 있지만, 전화기는 트렁크 속에서 로밍을 피해 잠자고 있었다. 깜깜한 밤중에 다른 한국 관광 팀도 없었다. 누구에게 전화를 빌릴 수도 없었다. 분명히 내가 잘못 가고 있음을 깨닫고 다리 끝에서 되돌아 뛰기 시작했다. 516m의 다리가 길면 얼마나 길까만 제자리에서 뛰는 러닝머신처럼 앞으로 나아가지 못하고 있었다. 가슴이 마구 뛰었다.

'일행들이 얼마나 기다릴까, 설마 국제 미아가 되는 것은 아니겠지…….' 온갖 걱정이 머릿속을 어지럽혔다. 아! 다리 중간쯤에서 만난 가이드는 정녕 구세주의 모습이었다.

"되돌아오시라고 했는데……."

가이드의 원망과 안도의 말소리가 오래도록 이명으로 남아 그를 볼 때마다 미안했다. 카를교의 야경을 구경하고 10분 뒤에 이 자리로 되돌아오라는 가이드의 말을 나는 왜 듣지 못했을까?

길을 잃어 미아가 되는 것은 어린아이에게만 일어나는 사건이 아니었다. 여행이라는 새로운 경험과 문화를 접하다 보면 자칫 흥분된 상태에서 사진을 찍다가 일행을 놓치기 쉽다. 15년 전 로마에서 젊은 교수도 길을 잃고 허둥대다가 우리 일행을 만나기도 했고, 똑똑하다고 인정하는 젊은 청년도 가이드의 말을 흘려듣고 나와 같은 실수를 저지르기도 했다. 외국 여행에서의 가이드는 정말 엄마 같은 안내자다. 항상 붙어 다니면서 다음 만나는 장소를 꼭 기억해 둘 일이다. 휴대전화도 사용하지 않는다고 가방 속에 넣어 두지 말고 가이드의 연락 번호와 함께 항상 가지고 다녀야겠다. 만일 정신 지체아나 치매 노인에게 이런 일이 생긴다면 영영 이산가족이 되고 말 것이다. 얼마 전 베스트셀러로 유명해진 신경숙 소설가의 『엄마를 부탁해』도 그런 소재가 아니던가.

바츨라프 광장을 향해 일행을 따라가는 동안 내내 나는 머릿속이 몽롱하고 가슴이 두근거렸다.

(2013. 1. 16.)

누구를 위한 희생인가

왜 그의 표정이 나를 따라와 감기 몸살의 신열보다 더 심하게 괴롭히는지 모르겠다. 가슴이 아리고 코끝이 찡한 것이 바로 그의 모습 때문이었다. 몇 시간 전만 해도 알프스의 여왕이라 불리는 리기산에서 푸른 하늘의 속살을 손으로 더듬고, 두 눈 반짝이며 케이블카를 타고 루체른 호숫가로 내려왔었다. 700여 년을 물 위에 자랑스럽게 떠 있는 나무다리 카펠교를 거닐며, 잘 차려입은 귀족들이 늘어서서 왕을 기다리는 듯, 로이스 강가에 늘어선 아름다운 건물들과 물에 비친 또 하나의 도시를 바라보고 얼마나 황홀해했던가.

루체른의 '빈사의 사자상' 앞에서 난 할 말을 잃었다. 덴마크의 조각가 토르발트젠(Thorwaldsen)이 제작하여 스위스에 기증했다는 그 조각품은 신의의 중요성을 전 세계인에게 일깨워주는 작품이었다. 사자 한 마리가 방패를 끌어안고 신음하며 죽어가고 있는 표정이 너무나 처절했다. 사자는 약속을 지키려는 768명의 스위스 용병을 형상화한 것이란다. 창에 찔려 죽어가면서도 부르봉 왕가를 상징한 흰 백합 문장이 새겨진 방패를 끌어안고 있었다. 프랑스 부르봉 왕가를 보호하기 위해 약속을 지키려던 몸부림이었다니 ……. 울부짖는 사자의 울음소리가 들려오는 듯 가슴이 아렸다.

중세의 유럽은 너나없이 힘든 시기를 보내고 있었다. 산악의 척박한 땅에서 먹을 것이라곤 아무것도 나지 않는 스위스는, 남의 나라 전쟁에 용병으로 팔려간 젊은이들이 피를 팔아 벌어온 돈으로 살아가고 있었다.

유럽에서 인구가 가장 많은 프랑스도 역시 식량이 부족한 상태였다. 미국 독립전쟁에 참여하여 국가 재정은 바닥이 났으며 정치도 혼미한 상태였다. 프랑스 혁명군은 반란을 일으켜 베르사유 궁전으로 쳐들어왔다. 전세가 불리해지자 궁전 수비대는 모두 도망가 버렸다. 루이 16세는 그와 왕비 마리 앙투아네트를 보호하고 있는 스위스 용병들에게, 죽음을 피하여 스위스로 귀국하기를 권유했다. 그러나 용병들은 약속 기한이 아직 남았다며 각자 유서를 써서 스위스에 있는 가족에게 보내고 왕가를 보호하다가 모두 장렬한 최후를 맞았다. 프랑스는 혁명군의 승리로 끝나고 왕과 왕비는 죽음을 면치 못하고 말았다.

만약 용병들이 살아서 돌아갔다면 스위스 용병의 명예는 실추되었을 것이다. 그들이 조국을 위해 죽음으로 신의를 지킨 이유는 또 다른 젊은이들이 조국을 위해 용병 생활을 고수해야 했기 때문이다. 사랑하는 가족들이 고국에서 기다리고 있는데 하나밖에 없는 목숨을 그렇게 포기할 수 있었을까? 그들의 죽음에 전 세계 사람들은 놀랐고, 스위스는 신의를 지키기 위해 죽음도 불사하는 국가로 신용을 얻게 되었다. 그 이후 세계 각처에서 용병 신청은 그치지 않았고, 그 대가로 지금의 스위스가 만들어진 것이다. 지금까지 로마 교황청의 근위병도 신의를 목숨보다 중히 여기는 스위스의 용병들이 맡고 있다. 현재 스위스는 세계 사람들의 비밀을 보장하는 신용 있는 은행으로도 유명하다. 아이러니하게도 전 세계의 비리를 일삼는 무리가 재산 은닉 창고로 이용하기도 한다.

우리나라도 용병만큼이나 희생적인 사람들이 있었기에 지금의 대한민국이 있다. 독일 탄광에서 조국을 그리며 막장일을 하여 번 돈과 간호부로 일한 대가로 받은 달러가 없고, 젊은 피를 사지로 내몰았던 월남 파병 장병이 없었다면 우린 어디서 달러를 구할 수 있었겠는가? 월남 파병이 스위스의 용병과 다를 게 뭔가. 수많은 젊은 주검과 맞바꾼 달러는 우리나라의 경제 성장에 보탬이 되었고 지금 이렇게 잘사는 경제 대국으로 우뚝 서게 한 것이다. 어려웠던 지난 세월을 우리 모두 결코 잊어서는 안 된다.

얼마 전 모임 때 만난 계원 중 한 분이 월남 참전 용사였다. 그는 지금 고엽제 후유증으로 폐암에 걸려 치료 중이다. 하늘에서 쏟아지는 고엽제가 정글 속의 해충들을 물리치는 특효약인 줄 알고 온

몸에 발랐다는 참상은, 듣는 사람들의 모골을 서늘하게 했다. 대를 이어 자식까지도 나타날 수 있는 무서운 병! 고엽제 환자들의 속 타는 마음을 어떻게 진정시켜줄 것인가. 우리나라의 경제 발전에 이바지했던 월남 파병 군인들에게 우린 어떻게 감사해야 옳을까? 국가에서 보상만 해 주길 바라면서 나는 그들을 위해 무엇을 했는가? 위로의 말 한 마디라도 건네며 따뜻한 정성을 보내야겠다.

"이제 아프지 마세요. 미안합니다. 고맙습니다. 감사합니다."

온 누리를 꽁꽁 얼어붙게 하는 매서운 겨울바람을 두 손으로 가만히 감싸본다.

(2012. 1. 4.)

보물이 된 소금바위

– 비엘리치카 소금광산에 다녀와서

슬로바키아의 타트라를 출발하여 4시간 만에 폴란드 비엘리치카에 도착했다. 그곳은 아주 오래전 바다가 융기되어 암염광산이 된 곳이다. 10세기쯤 소금 제조장이었던 흔적이 발견된 뒤 700년의 역사를 지닌 곳으로 유네스코 세계문화유산으로 지정되었다. 몇 세기 전에 코페르니쿠스와 괴테도 다녀갔다는 유명한 곳이다.

이곳을 찾은 관광객이라면 누구든 이 희귀한 소금광산을 촬영하지 않을 사람은 없을 것이다. 그런데 사진촬영 요금을 내야 한단다. 만일에 스티커를 붙이지 않고 사진기나 스마트 폰으로 촬영하다 들키면 좋지 않은 일이 벌어진다나? 괜한 엄포라 여기면서도 할 수 없이 3유로를 내고 사진기에 영수증 스티커를 붙였다.

나무계단은 나선을 그리며 아래로 뱅글뱅글 54층까지 내려갔다. 천장과 벽 등 내부가 모두 소금으로 이루어졌다고 한다. 미심쩍어 찍어 먹어보니 짭짤한 게 틀림없는 소금이었다. 소금도 소금이지만 광산이 무너지지 않게 지탱해 놓은 막장의 받침대와 지지대가 대단했다. 통나무집처럼 빈틈없이 둘러싸여서 지각변동이 없는 한 몇 천 년이 지난다 해도 끄떡없을 것 같았다. 지하 100미터 정도에서 광산이 나왔다. 방마다 연결된 육중한 문은 관광객 일행이 다 들어올 때까지 붙잡고 있어야만 했다. 평소처럼 문을 열고 놓아버리면 밀려오는 공기의 압력에 의해 엄청난 굉음과 함께 문이 닫혀버리고 만다.

광산 내부에 진열된 많은 소금 조각품은 광부들의 작품이라는데 그들의 솜씨에 놀라움을 금치 못했다. 왼손에 지구의를 들고 서 있는 니콜라우스 코페르니쿠스 석상과 괴테의 석상은 이곳을 방문한 기념으로 제작했단다. 그 외에도 유명한 사람들의 석상이 많았다. 어둠침침한 미로가 많아 가이드를 놓치면 찾기가 어려울 듯했다. 섬세한 나무계단이 희미한 불빛 속에서도 아름다웠다. 통로가 넓은 기다란 터널은 지하철역 같았다. 바닥에 깔린 철로는 공사 당시 수많은 물량을 실어 날랐으리라.

희미한 불빛을 따라가니 전설의 주인공 수호천사 조각이 눈앞에 나타났다. 킹가 공주 조각 앞에 무릎을 꿇고 손을 내민 남자는 그녀에게 구혼하는 브로츠와프 왕일까? 아니면 찾은 반지를 돌려주는 광부의 모습일까? 헝가리 왕 벨라 4세의 딸인 킹가 공주는 폴란드의 브로츠와프 왕과 결혼하게 되었다.

“폴란드는 부유한 나라지만 소금이 없으니 광산을 하나 주세요.”

아버지에게 간청하자, 왕은 ‘마라무레’라는 광산을 지참금으로 주었다. 특수한 능력이 있는 킹가는 폴란드로 떠나기 전날 밤 마라무레 소금광산에 가서 주문을 외우며 예물로 받은 약혼반지를 구덩이 속에 던졌다. 공주는 다음날 폴란드 비엘리치카에 이르렀을 때 행렬을 멈추게 하고 그곳을 파보라고 하였다. 그러자 헝가리에서 던졌던 반지와 소금 덩어리들이 나왔다고 한다. 더 깊이 파들어 갈수록 많은 소금이 나왔는데 폴란드의 모든 사람이 먹고도 남을 수 있는 양이었다. 그 뒤 킹가는 마을의 수호천사로 받들여지게 되었다는 전설이다.

재미있는 전설의 주인공을 지나자 작업하는 광부들과 말의 모습이 보였다. 말은 수레를 끌고 연자방아를 돌리는 데 없어서는 안 되는 동물이다. 어른 말은 덩치가 커서 지하에 데려올 수 없으므로 망아지를 데려와 키운 뒤 어른 말이 되면 일을 시켰다 한다. 소금 동굴은 탄광과는 달리 공기가 쾌적하고 연중 14도를 항상 유지하고 있단다. 옛날에 감기에 걸린 왕족들이 이곳에서 치료했다는데 지금도 천식 알레르기 환자 치유센터가 있다는 것을 보면 효과가 있는 모양이다.

천장에서 흘러내려와 굳은 소금 종유석과 바닥을 딛고 자란 소금 석순은 신비한 소금광산의 역사를 말해주고 있었다. 졸졸 흐르는 작은 물길은 아직도 진행되는 역사의 현장이었다. 지하도로에 깔린 네모 반듯한 카드 모양의 타일 조각도 소금이란다. 그 많은 세월 동안 다녀간 관광객들도 많았으련만 닳아 없어지지 않고 오히려 반질반질 윤이 났다.

지하 110m에 세워진 킹가 대성당에 도착했다. 관광객들은 층계를 내려오면서 성당의 엄숙함에 소곤소곤 목소리를 낮췄다. 제단 왼쪽에는 십자가에 못 박혀 있는 예수상이 보이고 성모 마리아상도 보였다. 「최후의 만찬」을 조각한 그림을 비롯하여 성경 말씀이 조각된 그림들이 벽에 빙 둘러 전시되어 있었다. 교황 바오로 2세의 소금 상은 이곳 방문을 기념하여 1999년에 추가로 제작한 것이란다. 소금으로 만든 샹들리에는 정교하고 아름다운 것이 크리스털 같아서 모든 사람에게 감동을 줬다.

소금 지하자원이 이렇게 세계 여러 나라 관광객을 끌어들여 돈을 벌다니……. 만일 소금을 식용으로만 개발했다면 지금처럼 많은 관광객이 몰려왔을까? 경제적인 면에서도 관광 쪽이 훨씬 나았다고 본다. 천연자원을 관광자원으로 개발한 폴란드 국민의 혜안이 대단했다. 공사 기간도 엄청 길었을 것이고, 16세기에는 매년 광부의 10%가 죽었다 하니 얼마나 많은 사람이 희생되었을까? 죽음을 두려워하여 광산개발을 중지했다면 소금 덩어리는 바위가 되어 수 세기 동안 지층을 이룬 채 잠자고 있었을 것이다. 결코, 날림 공사가 아닌 지구의 끝 날까지도 버틸 것 같은, 그렇게 견고하고 방대한 소금 광산은 폴란드의 범국가적인 자존심이었다고 본다.

금강산도 식후경이라 했던가. 그 깊은 곳에도 음식점과 자판기가 있어서 몇 시간 동안 힘들게 걷던 관광객들의 허기진 배와 갈증을 달래주었다. 나무계단과 소금계단을 돌아 내려간 곳에 호수가 나왔다. 호수에선 쇼팽의 「이별의 노래」가 흘러나와 우리도 흥얼흥얼 관광의 끝남을 아쉬워하며 노래했다. 2.5km의 거리를 두 시간 동안이나 걸으며 어둠의 광산을 누비고 다녔는데 다리도 아프지 않고 힘들지 않은 것이 신비로운 소금 체험 때문이었을까?

소금 광산 밖으로 나오려고 기다리는 정거장 벽에 '지하 135m'의 안내판이 땅속 깊은 곳임을 깨닫게 해줬다. 엘리베이터는 충격적이었다. 구멍이 뽕뽕 뚫린 철판이 사방을 방패처럼 둘러싸고 있는 칸막이 상자였다. 그 좁은 공간에 6명을 차곡차곡 밀어넣더니 문을 잠갔다. 잠시 뒤 회오리바람 같은 질풍을 날리며 30초(?) 동안 초고속으로 지상으로 올라왔다. 눈을 감고 바람에 빨려 솟구쳐 위로 올라왔을 땐 모두 넋이 나간 듯 가슴을 쓸어내렸다. 나는 슈퍼우먼처럼 지하 135m에서 땅 위로 갑자기 솟아올라와, 머리를 절레절레 흔들며 소금광산의 문을 나섰다.

(2013. 1. 27.)

사치도 공적功績이었다

누구나 살고 싶어한다는 비엔나의 상쾌한 아침이다. 음악의 도시, 왈츠의 도시에서 오늘은 누구를 만나러 어디로 갈까?

비엔나는 로마제국 이후 2000년 가까운 역사를 지닌 도시다. 합스부르크 왕가가 750년이나 권세를 유지하면서 오랜 세월을 도읍지로 삼았던 곳이다. 합스부르크 왕가는 거의 모든 유럽의 왕실과 연결되어 있었다. 세력 확장을 위해 국제결혼을 시키면서도 혈통을 중시하여 종족보존을 위한 근친혼은 계속되었다. 그 후유증으로 기형아와 미숙아 등 단명한 왕손들이 많았고, 많은 후손이 유난히 긴 주걱턱 얼굴로 우리가 상상하는 아름다운 왕자와 공주의 모습과는 거리가 멀었단다.

기념촬영을 하려고 쉔부른 궁전 마당에서 자리를 잡는데 궁전 건물이 마치 파노라마 사진처럼 길었다. 건축의 외관은 여왕을 상징하는 '마리아 테레지아 옐로우'라고 하는 크림색으로 꾸며져 있었다.

쉔부른 궁전의 주인 마리아 테레지아는 합스부르크가의 상속녀로서 대단한 권력의 소유자였다. 공식적으로는 남편이 황제고 그녀는 황후였으나 실제 여제女帝로서 욕망과 사치가 넘쳤다. 16명이나 되는 자녀를 두었는데 자식들을 모두 정략결혼을 시켜 합스부르크 왕가의 세력을 확장하고 역사상 가장 넓은 식민지를 보유하였다. 아이를 낳으면 길러주는 사람들이 따로 있었을 것이고 세력 확장을 위해서라면 20명인들 못 낳았으랴. 프랑스의 베르사유 궁전과 대적할 만하다는 호화로운 이 궁전에서 제1의 절대자가 되어 궁중 업무를 보았다는 마리아 테레지아! 그것도 여름에만 머물던 곳이 이렇게 호화롭고 거대하다면 겨울 궁전의 모습은 또 어떠할까?

쉔부른 궁전을 관람하기 위해 9시 전에 입장했다. 궁전은 각국에서 온 관광객들로 금방 가득 차 버렸다. 입장 시간이 5분만 늦었어도 기다리는 시간이 한두 시간은 족히 걸렸으리라.

지그시 눈을 감고 상상해봤다. 아름다운 파티복을 입은 내가 쉔부른 궁전에 들어서니 모두가 길을 비켜준다. 달콤한 음악이 잔잔히 흐르는데 누군가 나의 손을 잡고 흥겹게 리듬을 탄다. 왈츠다. 많은 귀족이 손에 손을 잡고 빙글빙글 원을 그리며 넓은 홀에서 물결처럼 춤을 춘다. 바람에 흔들리는 꽃이 되어 홀을 돈다. 벽화도 춤을 추고 천장의 명화들도 춤을 춘다. 아름답다. 황홀하다. 조용히 음악은 끝나고 비단옷이 스치는 소리가 의자 위로 흐른다. 지휘봉을 던진 꼬마 음악가는 무엄하게도 마리아 테레지아의 치마폭으로 기어오른다. 다섯 살짜리 신동 음악가 모차르트가 응석을 부리며 무릎에 앉는다. 춤이 끝나고 국가의 중요한 회의가 시작된다. 황후의 치마를 미끄러져 내려온 모차르트는 천진한 웃음을 뿌리며 마루를 지나 '거울의 방'까지 굴러간다.

"공주님, 나랑 결혼해요."

모차르트는 이 방의 어디쯤에서 꼬마 공주 *마리 앙투아네트에게 청혼했을까? 망상에서 깨어난 나의 눈에 장미 나무 벽과 거울과 거울로 둘러싸인 '거울의 방'이 아름답게 들어왔다.

조금 전에 지나왔던 중국의 방이 생각났다. 중국 병풍을 뜯어 벽을 치장하고 동양 자기 칠기 등 고품격의 장식품들을 진열한 방. 마리아 테레지아가 만찬을 즐겼다는 '비밀의 방'을 우리가 엿본 것이 아닌가. 아니, 그녀의 황금 침대를 구경했다는 것이 더 영광스러운 일일까? 침대가 작았다. 황후의 키가 작고 옆으로 구부리고 잠을 잤기 때문이라는데 그 시절 사람들의 체구가 그렇게 작았었나 보다. 더 컸다면 황금이 훨씬 더 많이 필요했으리라. 궁전 내부가 여러 개의 작은 방들로 이어져 있고 방마다 온갖 진귀한 물건들로 가득했다. 이러한 것이 로코코 양식이란다. 어느 방에 들어가니 화려하게 장식한 문이 두 개나 있었다. 그런데 그건 문이 아니라 벽 전체의 길이만큼 기다란 벽난로였다. 방이 크기 때문에 난로도 큰 것 같았다. 그 방 옆에 있는 의자 6개엔 12개월의 그림이 그려져 있었다. 12월엔 돼지 인형을 선물했다는데 우리나라의 복 돼지 의미와 비슷하단다. 1,441개의 방 중 39개만 공개한다고 했는데 내가 지나온 방들이 39개였을까? 너무 많은 사람과 호화로움에 넋을 잃고 밀려 나와 알 수가 없었다.

건물 뒤로 나가니 60만 평이 넘는 광장이 우릴 맞이했다. 쭉쭉 뻗은 나무들이 정원을 나누며 성벽처럼 서 있고, 곳곳에 그리스 신화를 주제로 한 44개의 대리석상도 우뚝 서 있었다. 광장 가운데서 바람을 온몸에 가득 품고 빙글빙글 돌아보니 행복이 와르르 내 가슴 속에 쏟아져 들어왔다. 광장의 대리석 신들이 빙긋 웃었다. 정원 끝엔 조각품으로 둘러싸인 넵튠(Neptune) 분수가 아름답게 펼쳐져 있었다. 그 뒤 언덕엔 1747년 프러시아와 싸워 이긴 것을 기념해 세웠다는 글로리에테(Gloriette)가 있었다. 그리스 신전 양식의 전승비로 바다의 신을 상징한단다. 이렇게 꾸민 것이 바로크 양식이라는데 이곳 유럽에 오니 건축 양식과 정원의 양식까지 머리가 어지러울 정도였다. 1996년 유네스코에 세계문화유산으로 지정되었다는데 당연히 그럴 만했다.

나랏일을 하다 보면 국민에게 칭송을 받기도 하지만 비난을 받는 일도 허다하다. 마리아 테레지아는 어느 나라보다 앞서 초등학교를 만들어 의무교육을 하였으며, 지방 권력을 축소해 중앙 집권제도를 확립했다. 군사 행정 위원을 설치하여 힘없는 농민 출신도 급료를 받을 수 있게 했다. 왕태후, 여 대공, 여 백작, 여 공작, 여 영주 등 그녀를 지칭하는 이름은 40개도 넘었다. 이러한 그녀도 후손들에 의해 정치를 잘했다는 칭송과 사치와 욕심이 과했다는 비난을 함께 들어야만 했다. 귀중품도 사치품도 죽을 때 가져갈 수 없는 것, 이렇게 모아 놓으니 후손들에게 도움이 된 것 같다. 아름다운 궁전도 곱게 남아 세계 여러 나라 사람에게 구경시켜줌으로써 막대한 관광 수입을 올리고 있으니 이만하면 사치도 칭송할 만하지 않은가? 우리나라의 높으신 분들도 귀중품을 박물관에 기증하거나 사회에 환원하여 후손들이 관광자원으로 활용할 수 있으면 좋겠다. 아무튼, 여자의 몸으로 세계를 쥐락펴락한 그녀가 존경스러웠다. 1619년 마티아스 황제가 사냥 도중 아름다운 샘(Schonner Brunnen)을 발견한 데서 그 이름이 붙여졌다는 쉔부른 궁전은 정말 아름다웠다. 궁전을 돌아보며 쉔부른의 의미를 다시 되새겨 보았다. 음악의 도시에서 음악가 대신 왕족을 만나 나도 화려한 왕족이 되어 노닐다가 궁을 나가고 있다. 쉔부른 궁전을!

* 마리 앙투아네트: 프란츠 요제프 1세와 마리아 테레지아의 사이에서 태어난 막내 공주로 프랑스의 루이 16세와 결혼했으나 프랑스혁명 때 혁명군들에 의해 온갖 누명을 쓰고 단두대의 이슬로 사라짐

(2013. 2. 14.)

프라하의 낙서판

그건 소리 없는 아우성이었다. 붉은 깃발에 저항한 파란 언어였고, 희생을 담은 노란 외침이었다. 전 세계인에게 자유를 갈망하는 초록의 항변이었다. 수도원 벽면 가득 메워진 무지갯빛 언어는 바벨탑의 혼돈보다 더 많은 언어가 되어 수도원 벽돌 사이로 스며들었다.

"자유를 달라. 이제 사회주의는 싫다. 사회주의는 가고 민주주의여 오라. 자유를 달라. 자유를!"

체코의 젊은이들은 이렇게 외쳤다.

이곳은 프라하 시내 중심지에서 멀지 않은 프랑스 대사관 맞은편이다. 한적하고 조용한 것이 공안의 눈을 피하기 안성맞춤인 곳이다. 청년들은 몸을 숨겨 이곳 수도원의 벽을 통해 자유의 외침을 토해내고 있었다. 우린 그들이 목숨을 걸고 자유를 갈망했던 민주주의의 벽, 사회주의를 비판하고 저항했던 '존 레논의 벽' 앞에서 사진을 찍으며 웃고 있었다. 영국 인기그룹 비틀즈의 멤버였던 존 레논(John Lenon)은 평화를 기원하는 노래를 불렀다.

> 국가가 없다고 상상해 봐요……/ 죽일 이유도 없고 죽을 이유도 없죠/ 종교도 없지요,/모든 사람이 평화로운 삶을 살아간다고 상상해 보세요……. 언젠간 당신도 우리와 뜻을 함께하길 바라요/그러면 모든 세상이 하나가 될 거예요.

공산권 밑에서 억압받으며 언론의 자유를 박탈당하고 살던 체코의 청년들에겐 너무나도 간절한 평화의 노래였다. 그러나 존 레논은 뉴욕에서 미국의 광신자 팬 마크 채프먼에 의해 살해당하고 말았다. 존 레논의 비극은 체코 청년들의 울분으로 이어졌다. 체코의 반공산주의자들은 수도원 벽면에 존 레논의 사진을 그려 넣고 비틀스의 노래 가사와 이야기를 쓰면서 자유를 갈망했다. 젊은이들은 정치적인 메시지가 전 세계 사람들에게 전달되길 간절히 소망하면서 형형색색의 그림과 글씨로 기다란 수도원의 벽면을 가득 채워나갔다. 어떻게 보면 젊은이들이 젊은 혈기를 발산하기 위한 대형 낙서판일 뿐이다. 그러나 사회주의의 통제와 억압에 항거한 자유의 절규이었기에 낙서판이 그냥 낙서판이 아닌 민주주의를 향한 메시지로 그 의미를 달리하는 것이다.

1968년 4월 체코슬로바키아 공산당 제1 서기 알렉산드르 두부체크는 인간의 얼굴을 가진 사회주의를 주창했다. 경찰 정치와 사전검열제를 없애고 민주적인 선거법 제도를 창설했으며 언론, 출판, 집회의 자유를 허용했다. 프라하의 봄이 다가오는 듯했다. 소련은 주변 공산국들에 자유의 물결이 흘러들어 갈까 봐 두려워 개혁을 멈추라고 경고했지만, 체코는 이를 무시해버렸다. 그해 8월 20일 소련은 폴란드를 비롯한 바르샤바조약기구 동맹군과 함께 체코슬로바키아를 침공했다. 브레즈네프는 소련의 통제에서 벗어나려는 동유럽 국가를 용납하지 않겠다는 뜻으로 탱크를 몰고 프라하 시민을 향해 발포하고 말았다. 체코 프라하의 봄은 이렇게 소련군 탱크 앞에서 무너져버렸다.

폴란드는 오랫동안 외세의 침입과 지배를 받아왔다. 세계 2차 대전 후 1945년에 나치 독일과 소련으로부터 독립한 폴란드는 노동자당(공산당)과 사회당이 중심이 되어 통일 정부를 수립했다. 독립은 했으나 친소親蘇 세력과 반소反蘇 세력의 정권 다툼은 국민을 생활고로 신음하게 했고 물가는 하늘 높은 줄 모르고 폭등했다. 우리나라가 88서울올림픽을 개최하던 1988년에 노동자와 학생들은 파업과 시위로 공산당을 당황하게 하였다. 노조 지도자 레흐 바웬사는 파업을 끝내는 대신 총선거하자고 공산당과 협상했다. 그 결과 바웬사의 야당이 총선에서 압승하고 비공산주의 정권은 탄생하였다. 변화가 일고 있던 소련도 폴란드의 비 공산주의를 인정하고 말았다. 폴란드의 영향으로 체코슬로바키아도 민주화가 이뤄졌다. 프라하의 봄이 무려 21년 만에 돌아온 것이다. 마치 일본의 무조건 항복으로 우리가 해방을 맞이했던 것처럼…….

체코 사태를 계기로 '프라하의 봄'은 민주화를 상징하게 됐다. 나라와 자유를 빼앗기고 억압받는다는 것은 얼마나 괴로운 일인지 우린 조상이 겪어 온 일제치하의 폭정에서 알 수 있다. 6·25전쟁으로 공산당의 만행이 얼마나 끔찍한지 겪어 본 사람들은 말한다. 지금 이 순간에도 공산 치하에서 고통받고 있는 북한 주민은 민주주의를 갈망하며 한숨지으리라. 평양의 봄은 언제쯤 돌아올 것인가!

프라하의 봄이 돌아온 뒤 존 레논의 벽은 사랑의 맹세 판이 되고 있다. 메시지가 가득 차면 지우고 또 다른 사람들이 사랑의 노래로 벽을 가득 메우고 있다. 호기심 많고 발랄한 우리 대한민국 사람들이 어찌 빠지겠는가. 태극무늬에 하트 모양, 대한민국 파이팅을 써 놓은 애국자, '○○아, 보고 싶다. 다음엔 꼭 함께 오자.' '사랑해.' 애인을 그리는 사랑 이야기 등 많은 대한의 아들딸들이 써 놓은 이야기들이 한쪽 벽면을 채우고 있었다.

하마터면 국제 미아가 될 뻔했던 사건 뒤로 찾은 바츨라프 광장이었다. 바츨라프 동상은 그가 체코를 구한 영웅임을 말없이 전해 주고 있었다. '프라하의 봄' 현장이었던 그곳 광장을 한 바퀴 돌아보니 구 도시와는 달리 네온사인이 화려하게 깜빡였다. 마치 낮에 보았던 '존 레논 벽의 글자'들이 모두 날아와 건물의 네온사인으로 반짝이는 것처럼 빛났다. 노랑, 파랑, 초록, 주황, 빨간색으로…….

(2013. 1. 16.)

하이델베르크의 향기

– 동유럽여행기(1)

어제 도착한 독일 프랑크푸르트 헐리데이호텔은 긴 비행 끝의 안식처였다. 방안의 흐릿한 불빛마저도 아늑하게 느껴지는 것이 어지간히 피곤했었나 보다. 한 개의 문으로 욕실과 화장실을 동시에 사용하는 것이 특이했다. 두텁고 거친 화장지는 검소하게 생활하는 독일인의 모습을 말해주는 듯했다. 10월 하순의 쌀쌀한 날씨에 옷을 껴입고 보온 양말까지 신고 자야만 하는 까닭이 난방을 넣어주지 않는 독일의 지독한 인심 때문이었다. 그럼에도 아침 공기는 11일이나 남은 동유럽여행을 행운이라 예고하며 라일락 향기로 내게 다가왔다.

하이델베르크 성에 올랐다. 이 성은 13세기에 짓기 시작하여 르네상스 시대까지 건축했단다. 적의 침입을 막을 수 있는 높은 성벽도 전란엔 소용이 없었나 보다. 1690년대에 두 차례나 프랑스의 침입을 받아 파괴되었고, 1764년에는 벼락까지 맞았단다. 거대한 성의 모습 사이로 군데군데 무너진 건물들이 그때의 상처를 말해 주는 듯 가슴 아팠다. 왕이 왕비를 위해 세워 주었다는 아치 문은 전쟁도 아랑곳하지 않고 아름다운 모습 그대로 서 있었다. 다 부서지는 전쟁터에서도 용케 남아 있었던 것은 사랑의 큰 힘 때문이었나 보다. 그런 대단한 선물을 받은 왕비도 불평이 있었을까? 하기야 불평 없이 사는 사람이 어디 있을까마는 여자로 태어나서 그런 호강 한 번 받아보는 것도 그다지 나쁠 것은 없지 싶다. 넓은 정원에 세월을 함께한 커다란 나무들이 때마침 불어오는 실바람에 곱게 물든 잎사귀를 꽃잎처럼 날리고 있었다.

구불구불 굽어진 돌계단의 이끼와 눈을 맞추며 조심스럽게 내려와 시내로 들어갔다. 아기자기한 건물들이 100m 높이의 웅장한 하이델베르크 성을 우러러보고 있었다. 네카 강변에 자리 잡은 이곳은 대학도시라고 하나 우리나라처럼 넓은 캠퍼스의 대학은 볼 수 없었다. 네모진 건물에 유리창이 많이 달린 이곳이 대학교라고 하는데 그 규모가 매우 작았다. 작은 규모의 대학교일망정 세계적인 인재를 많이 길러낸 배움터란다. 구 도시라서 옛날의 대학교 모습 그대로를 유지하고 있기 때문에 작은 것일까?

외적으로부터 마을의 수호를 기원하기 위해 만들었다는 하얀 쌍둥이 탑의 문을 통하여 칼테오도르 다리에 이르렀다. 강변 주위와 산속의 빨간 지붕들이 장난감처럼 귀여웠다. 만일 저 강변에 현대식 건물이 하늘 높이 솟아 거대한 유리창에 하늘과 구름을 품고 자랑스럽게 서 있었다면……. 우린 아마도 동화의 나라에 온 것처럼 그렇게 포근하고 행복한 느낌을 받진 못했을 것이다.

독일의 건물은 세계 2차 대전 때 90% 이상 파괴되었단다. 구 시가지를 재건하면서도 모두 옛 모습대로 재현했다 하니, 독일인의 건축문화에 대한 자긍심이 대단해 보였다. 우리가 한옥마을을 보존하려고 노력하는 모습도 전통문화를 사랑하는 강한 국민의식이 아니겠는가?

독일 문학의 최고봉을 상징하는 괴테와 철학자 헤겔이 걸었다는 '철학자의 길'을 따라 걸으며 나도 사색에 젖어보았다. 미흡하기 짝이 없는 내가 현자賢者들을 흉내 내고 나니 어쩐지 쑥스러웠다. 골목 양쪽 벽돌의 이끼가 고색창연하여 오랜 세월의 흔적을 말해주었다. 철학자의 길까지 만들어 보존하고 있는 것은 세계 사상사思想史의 지평地平을 확대한, 철학자를 낳은 조국을 자랑스럽게 여기는 독일 국민의 자존심이 아니었을까?

우리나라도 여느 나라 못지않게 훌륭한 학자들이 많고 문화재도 많다. 지금 국력이 신장하여 세계인들로부터 많은 부러움을 사고 있지만, 우리 문화를 세계에 알리는 일은 아직도 부족한 듯하다. 세계적으로 홍보활동을 벌여 우리나라를 알리는 일에 힘써야겠다.

「황태자의 첫사랑」을 촬영했다는 '레드 옥센' 술집이 붉은 황소

머리를 매달고 관광객들을 유혹했다. 세계 곳곳의 명화 촬영지는 추억을 그리는 사람들을 불러들여 다시 한 번 즐거움을 주나 보다. 시청 앞 광장에 이르니 싸늘한 날씨인데도 많은 사람이 야외카페에 앉아 차를 마시며 즐겁게 이야기하고 있었다. 풍요로웠다. 세계 모든 나라가 그렇게 풍요와 평화 속에서 행복했으면 좋겠다. 아프리카의 굶주림도 없고, 중동의 전쟁도 없는, 그런 평화가 함께했으면…….

(2013. 2. 15.)

무비유환無備有患 1

– 한라산 등반기 ① 여름산행

벌써 8년이란 세월이 흘렀다. 한라산 정상에서 백록담을 바라보던 그 순간이. 남편의 제주도 근무로 나는 여름과 겨울방학 3개월 동안 제주도민이 되었다. 제주도 생활은 내가 한라산을 두 번이나 오를 수 있는 절호의 기회를 만들어 주었다.

서울에서 사는 넷째 오빠 부부와 우리 큰아들이 제주도에 놀러 왔다. 누군가 한라산 등반을 제안했고 모두 이에 찬성했다. 등반에 무식한 우린 등산화만 신고 무모한 한라산 산행을 시작했다. 우리 집 뒷산도 아닌 한라산 등반인데 미리 작은 산이라도 여러 번 오르내려 체력도 길러야 하지 않았겠는가. 모두 겁도 없이 산에 오른 것이다.

성판악에 8시 반쯤 도착했다. 남한에서 가장 높다는 한라산을 오른다는 벅찬 감동을 안고 우리 일행은 발걸음도 사뿐사뿐 잘도 올라갔다. 유치원생 가방같이 작은 등산 가방에 물과 김밥과 초콜릿 몇 조각을 넣었을 뿐, 남한 제일의 큰 산을 영접하러 가는 자세가 영 엉망이었다.

한라산의 공기는 어느 산의 공기보다 더 청량하였다. 이끼 낀 바위가 지나간 세월을 말해주는 듯했다. 두꺼운 각목과 통나무를 깔고 자갈을 채워 만든 계단도 있었다. 산죽이 온 산을 덮어 버릴 듯 무성했다. 삼나무와 비자나무 숲은 하늘을 가릴 듯이 울창하게 우거져 삼복더위를 식히기에 충분했다.

'까악까악' 까마귀들의 환영 인사가 요란했다. 숲 속에서 가끔 '후다닥 풀썩' 들리는 소리는 노루였을까, 오소리였을까, 아니면 제주 족제비? 숲 가운데로 이어진 아름다운 나무마루(데크) 길이 우리들의 발을 편하게 해 줬다. 산의 훼손을 방지하고 등산객들의 수고를 덜어주기 위해서였을 것이다.

해발 1,000m를 지나자 점점 경사가 심해지기 시작했다. 마치 돌담을 연상케 하는 돌계단이 눈앞에 전개되었다. 딱딱한 돌의 감촉이 다리를 무척 힘들게 했으나 한라산을 오른다는 뿌듯함에 기를 모았다. 한참 걸었는데도 겨우 100m를 지나왔을 뿐이다. 평지 같으면 100m가 바로 눈앞에 보이는 가까운 길이지만 산길은 그렇지 않았다. 정상까지 9.6km를 걸어야 하는데 까마득했다.

해발 1,500m ‘진달래밭 대피소’에서 컵라면과 김밥으로 점심을 먹었다. 기력을 회복한 뒤 다시 걷기 시작했다. 60대 중반을 바라보는 오빠 내외도 나이를 잊은 듯 열심히 걸었다. 꼬불꼬불 돌길을 따라 오르던 길은 드디어 끝나고, 햇빛을 가려줄 큰 나무 한 그루 없는 평원이 펼쳐졌다. 한라산 말나리가 푸른 잎 사이로 빨갛게 피어 있었다. 이름 모를 야생화들 가운데 보랏빛 수국이 고귀한 자태로 등산객들의 눈길을 끌었다. 한라산 등반을 환영하려는 듯 어디서 날아왔는지 호랑나비 한 마리가 내 등산화 위에 살포시 앉았다. 야생화가 있으니 나비가 사는 것은 당연한 일이겠지만 어쩐지 신비로웠다.

정상이 조금씩 보이기 시작했다. 마음은 급한데 발은 더욱 느려져 한 발짝을 떼기도 어려웠다. ‘해발 1,800m’라는 팻말이 가슴을 두근거리게 했다. 백록담을 향한 마지막 산길은 등산객들의 피곤한 몸을 풀어주려는 듯 부드러운 나무로 만든 계단이었다. 통나무를 밧줄로 이어 만든 경계 목책마저도 굽이굽이 아름다웠다.

드디어 1,950m 정상에 올랐다. “야호! 부라보!” 온갖 찬사를 다 터뜨리며 서로서로 손뼉을 마주쳤다. 세상에 근심 걱정이 다 필요 없는 순간이었다. 누구의 도움도 받지 않고 나 스스로 힘들게 올라온 정상이 아닌가.

바다인가 하늘인가! 파도인가 구름인가! 바다 같은 하늘에, 파도 같은 구름이 고귀하고 우아한 춤을 추고 있었다. 웅장한 대자연의 모습에 저절로 두 손이 모아지는 순간이었다. 백록담을 보려고 아래를 내려다보니 작은 웅덩이 같은 연못이 두 개 보일 뿐이었다. 백두산 천지처럼 물이 가득 찼으리라 기대했었는데……. 작은 규모에 실망했으나 그러면 어쩌랴. 남한의 제일 명산 한라산 백록담을 본 것을! 신선들이 흰 사슴을 타고 놀았다는 연못에서 우리도 놀았다.

많은 사람이 성취감을 맛보기 위해 이렇게 정상을 정복하는 모양이다. 작은 산에도 정상은 있다. 그러나 큰 산의 정상에 오른 성취감은 예전의 정상에 오른 그것과는 비할 바가 아니다. 그래서 사람들은 자꾸만 큰 산에 도전하는 모양이다.

사람들의 세상살이도 그와 같은 것 같다. 작은 목표를 세워 정상에 오르고 나면 또 더 높은 정상을 향해 자꾸 올라가려 하지 않던가? 밑에서부터 정직하게 올라간 산의 정상 정복과는 다르다. 욕심이 과한 사람들은 부정과 손잡고 돌이킬 수 없는 잘못을 저지르고 만다. 끝없는 욕심은 결국 정상에서 내려올 때 불행해지고 만다.

"아닙니다. 그런 일 없습니다."

"나는 모르는 사실입니다."

NO, NO, NO를 부르짖다가 결국 감옥으로 가기도 한다. 주위의 온갖 눈총과 비난을 피할 길 없어 고뇌와 번민 속에서 비참하고 추한 꼴로 목숨을 버리는 일까지 생기지 않던가. 그러니 마음을 비우며 사는 것이 가장 행복한 삶이지 싶다.

등산객들은 거의 모두 산에서 내려갔다. 우리도 스스로 이룬 정상 정복을 자랑스러워하면서 행복한 마음으로 내려왔다. 인적이 뜸해지자 사슴 한 마리가 숲에서 나와 한가롭게 풀을 뜯고 있었다. 모두 행여 놓칠세라 사슴과 함께 자기 모습을 카메라에 담느라 부산을 떨었다. 우리는 밤의 산행이 어떤 것인지도 모르고 약수터에서 발을 씻고 있었다. 안전요원이 뒤따라오며 곧 어두워진다고 서두르라고 재촉했다.

"걱정하지 마십시오. 우리 모두 공무원 출신이오."

하산과 공무원 출신이 무슨 상관이란 말인가. 오빠의 대답에 모두 웃었다. 남들보다 보수는 작지만 자기 책임은 다할 줄 아는 사람들이라는 자부심이었을 것이다. 자기의 직책과 권력을 남용하여 부패를 저지르며 소란을 피우는 사람들은 몇몇 일부 공무원일 뿐이다. 대다수 공무원은 박봉에 시달리면서도 자기의 의무와 책임을 다하며 살고 있지 않은가.

무식하면 용감하다 했다. 우리가 산이 얼마나 무서운지 알았더라면 그렇게 쉽게 한라산에 오르지도 못했을 것이다. 어둠은 우리보다 앞서 한라산을 내리눌러 덮어버렸다. 무비유환無備有患이었다. 숲 속은 점점 어두워지고 사방이 보이지 않는데 플래시는 한 개도 없었다. 바람에 흔들리는 바스락 소리도 우리들의 머리카락을 곤두서게 했다. 해 질 녘에 숲 속에서 보았던 뱀이 데크 밑에서 기어 나올 것만 같아 조마조마했다. 간식도 떨어진 지 이미 오래였다. 배도 고프고 무서움이 점점 쌓여 가는데 모두 다리가 풀려 쉽게 발걸음을 떼지 못했다. 큰아들이 뛰어가기 시작했다. 그 애에게는 9시간이면 충분했을 산행이지만 어른들을 모시고 함께한 11시간은 그 애의 다리마저도 풀리게 하였다. 그러나 어쩌랴. 깊어 가는 밤에 어른들이 고생하고 있으니.

역시 젊음이 좋았다.

"엄마! 여기예요."

소리치는 아들의 목소리와 함께 성판악관리사무실에서 빌린 손전등의 불빛이 우릴 광명으로 이끌었다. 성판악 광장에 와서야 모두 안도의 한숨을 내쉬었다. 거대한 한라산을 한쪽만 만지고 돌아서면서 감히 한라산을 다 안 듯 버릇없이 굴었던 11시간의 방종이 부끄러웠다. 우리는 도망치듯 서둘러 제주 시내로 돌아왔다.

(2012. 1. 28.)

※ 백록담: 독일 지그프리트 겐테(Siegfried Genthe 1870~1904년)가 1901년 6월 외국인으로는 처음으로 한라산 정상에 올라 아네로이드 기압계로 측량했음. 둘레 1.7km 깊이 108m 넓이 0.21㎢의 화산 분화구라 함. 독일 쾰른신문 기자였던 그는 "한라산처럼 형언할 수 없을 정도로 방대하고 감동적인 파노라마가 펼쳐지는 곳은 분명히 지구에서 그렇게 많지 않을 것이다."라고 했다함.

무비유환無備有患 2

– 한라산 등반기 ② 겨울산행

한라산 중턱에 빈 비료 부대를 들고 한 아저씨가 서 있었다. 설마 높은 한라산에서 애들처럼 비료 부대로 썰매를 탔을까? 돌들의 방해로 썰매 타기가 어려웠을까? 아니면 실컷 타고 나서 버리자니 아깝고, 또 타자니 힘들어서 그냥 들고 서 있는 것일까?

"아저씨, 그것 쓰실 거예요?"

"아니요."

세상에 이렇게 반가운 대답은 또 없을 것이다. 나는 아저씨로부터 얻어 온 빈 비료 부대에 모자며 조끼며, 내 엉덩이에 상처가 나지 않게 도와줄 물건이라면 후배들 것까지 모두 그 속에 몰아넣었다. 이제부터 한라산에서 썰매를 타려는 것이다. 비료 부대 방석에 앉은 나는 각오를 단단히 하고 후배들에게 밀라고 했다. 비료 부대는 나를 싣고 눈 덮인 한라산을 미끄러지며 아래로 잘도 내려갔다.

제주에 놀러 온 후배 선생님 4명과 함께 한라산 겨울 등반을 하기 위해 성판악에 도착한 것은 어둠이 채 가시지 않은 아침 7시경이었다. 이른 시간인데도 성판악 입구엔 벌써 많은 등산객이 눈을 밟고 있었다.

온통 하얀 세상이 되어 버린 한라산이 어제의 폭설 소식을 증명해주고 있었다. 여름철의 딱딱했던 돌들은 하얀 양탄자로 덮여 있었다. 우린 한라산에 초대받은 귀빈이 되어 *레드 카펫이 아닌 화이트 카펫을 걸었다. 여름철의 돌계단과 비교하랴. 겨울산행을 좋아하는 이유 중 하나가 딱딱한 돌의 촉감 대신 눈의 탄력과 실감 나는 뽀드득 소리 때문이다.

오, 순백의 끝없는 향연이여! 돌과 바위, 나무와 오솔길이 모두 눈 속에서 단잠을 자고 있었다. 여름에 온 산을 덮을 듯 기세를 부리던 오만무도한 산죽(시누대)도 용서를 빌 듯 가녀린 모습으로 고개를 조아렸다. 울창했던 숲이 길과 하나 되어, 목책 기둥이 아니었다면 어디가 길이고 어디가 숲인지 알 수 없을 것 같았다. 누군가 파헤쳐 놓은 '해발 1,100m' 팻말이 머리에 눈을 잔뜩 이고 서 있었다. 오랜만에 만난 연인, 나무와 백설의 만남이 아름답다 못해 처연했다. 긴 기다림이 서럽고 반가워서 두 팔을 번쩍 들고 떨리는 가슴 진정시키는 나무의 환영, 그 품속에 안긴 백설의 숨결이여, 환희여…….

양손에 눈[雪]을 잔뜩 안고 축 늘어진 나무들의 버리지 못하는 욕심 마저도 바람은 용서하며 아름다움을 노래했다.

ㅈ이 가져온 카메라 앞에서 우린 모델이 되었다. 무릎까지 푹푹 빠지면서도 가장 멋진 자태로 근사하게 나와 주길 기대했지만, 고장 난 카메라는 단 한 장의 사진도 전해주지 못했다.

큰 나무 사이로 눈안개가 뽀얗다. 온 산에 내려앉은 하얀 눈은 한라산을 동화의 나라로 만들어버렸다. 숲길을 벗어나니 키 작은 나무 사이로 빨간 열매가 수줍게 지난가을을 얘기해줬다.

12시까지 진달래 밭 대피소에 도착해야 정상까지 오를 수 있단다. 눈밭에 부서져 내리는 햇살이 강렬했다. 행여 그을릴세라 ㅇ이 내민 선크림을 잔뜩 바른 우리 얼굴은 지나가는 등산객들의 웃음거리가 되었다. 여장한 남자 엿장수의 분장이 차라리 고울 것이다. 진달래 밭을 지나 채 2분도 걷지 않았을 때다. 갑자기 울컥 치미는 역겨움이 발걸음을 멈추게 했다. 물러설 때를 아는 것만큼 현명한 일도 없다. 정상 등반은 포기해야만 했다. 내가 먼저 내려왔지만, 동생들도 금방 내려왔다. 전날 내린 폭설 때문에 한라산 등반을 통제했단다.

진달래 밭의 별미인 컵라면과 함께 집에서 ㅂ이 끓여 온 묽은 된장국을 먹으니 산 멀미가 조금 가라앉았다. 눈을 닮은 뭉게구름도 한가롭고, 구름처럼 모여든 사람들도 눈 손님과 행복을 나누는데 나의 엔도르핀은 어디로 도망갔을까?

여름철 백록담 상봉이 나를 자만에 빠뜨렸었나 보다. 갑자기 발을 뗄 때마다 무릎이 어긋나며 다리가 마비될 듯 통증이 심해졌다.

'동생들에게 폐를 끼쳐서는 안 된다.' 다짐하면서 노력했지만 다리는 이미 내 의지와 상관없는 신체 밖의 일부가 되어버린 듯했다. 그런데 그 순간, 그 구세주 아저씨가 비료 부대를 들고 서 있지 뭔가!

아저씨에게 얻은 비료 부대는 나를 싣고 아래로 잘도 내려갔다. ㄱ은 자기도 걷기 어려웠으련만 열심히 밀어줬다. 한라산의 설경 같은 것은 이미 내 추억 만들기의 범주를 벗어나고 있었다. 오직 내리막길이 계속 이어지길 바랄 뿐이었다. 그러기를 두 시간도 더 했으리라. 경사가 완만해지자 비료 썰매도 제구실을 하지 못했다.

어디서 나타났을까? 하느님과 같은 구세주가. 어기적어기적 걸음마를 하고 있을 때 어떤 부인이 다리가 아프냐고 물었다. 그러더니 무릎 보호대 두 개와 스틱까지 빌려주었다. 내가 동화의 나라에서 착한 주인공이 되었단 말인가? 갑자기 천사를 두 명씩이나 보내주다니……. 나는 양손에 스틱을 짚어가며 무릎도 구부리지 못한 채 로봇처럼 걸어 겨우겨우 한라산에서 내려올 수 있었다.

성판악 마당까지 내려왔지만, 통나무처럼 마비된 나의 다리로는 건너편에 앉아 있는 그 부부에게 한 발짝도 다가갈 수 없었다. 동생들을 통해 무릎 보호대와 스틱을 돌려주고 먼발치에서 꾸벅 인사만 보냈다. 변변히 고맙다는 인사도 못 하고 와 버린 것이 맘에 걸렸다. 이튿날 그 부부가 묵고 있다는 호텔로 전화해 보니까 이미 제주를 떠나고 없었다. 사정 이야기를 하고 가까스로 그분들의 전화번호를 알아냈다. 인천에 전화하니 깜짝 반가워하며, 뭐 그리 대단치도 않은 일을 고마워하느냐고 했다.

산을 사랑하는 사람들은 산을 닮아 마음이 넓다고 한다. 전국의 산을 누비고 다니는 부부라서 마음이 넓었나 보다. 누구든 내려갈 길이 아직도 먼 그 산속에서 자기도 어찌 될지 알 수 없는 상황인데 비상 도구를 선뜻 내어줄 수 있을까? 그 사람의 용기와 선행에 고개를 숙인다.

유비무환有備無患이라 했다. 누구든 어려움은 갑자기 찾아올 수 있는 것. 다시 한 번 나의 부족한 준비성을 일깨워준 한라산 겨울 등반이었다.

그러고 보면 이 세상에 쓸모없는 물건은 하나도 없는 것 같다. 다 타버린 연탄재도 진흙땅을 굳은 땅으로 만들어 주고, 작은 돌멩이도 구멍 뚫린 돌담을 고쳐주지 않던가. 그 빈 비료 부대가 7.3km나 되는 한라산 하산을 도와줄지 누가 알았겠는가. 물건도 이럴진대 하물며 사람은 어쩌겠는가. 빈약하고 힘없는 사람이라 얕보지 말고 모든 사람을 소중히 여기며 살아야겠다.

지금도 가끔 인천에 전화하며 인연을 맺고 있으니 한라산이 내게 준 또 하나의 선물이 아니겠는가. 언젠가 그분들이 모악산 등반이라도 오는 날엔 근사한 음식이라도 대접하고 얘길 나누고 싶다. 그 겨울 한라산의 이야기를 곁들이면서…….

* 레드카펫: 영화제 시상식장에 깔아 놓은 붉은색 카펫
중세 유럽에서 빨간색 천은 가장 비싼 천이었다. 모직 10kg을 붉게 염색하기 위해서는 '케

르메스(연지벌레)'라는 곤충이 14만 마리나 필요했기 때문에 귀족이나 왕족만이 누릴 수 있는 색깔이었다. '빨간색은 권위'라는 이미지 때문에 레드카펫은 '최고의 환대'라는 뜻이 담겨 있다.

(2012. 12. 3.)

선교장船橋莊의 자물쇠

오늘 밤 나는 부자가 되었다. 조선 시대 사대부가의 전형으로 우리나라에서 가장 아름답다는 선교장船橋莊이 내 집이 된 때문이다. 얼마나 호사스러운 숙소인가. 강릉에서 수필의 날 행사가 열리지 않았다면 문이 12개나 되는 이런 장원藏園에서 내가 어찌 단꿈을 꿀 수 있을까? 궁궐처럼 펼쳐진 별당들과 사랑채들, 그리고 옛 선비들의 풍류를 느낄 수 있는 빼어난 활래정의 모습을, 어찌 오늘 밤 내 것이라 여기며 행복에 젖지 않을 수 있었겠는가.

300여 년 전, 효령대군의 11대손 이내번이라는 사람이 처음 지었다는 이 건물! 그 후손들이 증축을 거듭하여 오늘에 이르도록 이렇게 번창시켜 놓았다니 참으로 훌륭한 가문이 아닐 수 없다. 부자가 3대 가는 집안이 별로 없다는데……. 가난한 이웃을 위해 선행을 베푼 훌륭한 가문이기에 오늘날에도 이렇게 피곤한 길손들에게 방을 내어주는 모양이다.

우린 하룻밤 선교장의 주인이 되었다. 우리가 묵을 선교장 안의 초가집이 안채 주옥은 아닐 것이고 동 별당도 서 별당도 아니지만, 방이 3개나 있었다. 그중 방 하나는 커다란 자물쇠로 채워져 있었다. 온종일 쌓인 피로를 풀기엔 목욕이 제격일 터, 샤워시설을 찾아다녔지만 어디에 있는지 알 수 없었다. 공동 샤워실이 있었지만, 남자들이 사용 중이라 했다. 한옥이지만 명색이 숙박시설인데 샤워시설이 이래서야 어떻게 관광객들이 머물 수 있을까 슬며시 짜증이 나기도 했다.

잠자기 전에 화장실을 확인해 두어야겠기에 마당으로 나갔다. 마당을 건너 다른 초가집 사이에 공동 화장실이 있는 것을 확인했다. 안심하고 방으로 돌아오는데 교교한 달빛이 나뭇잎 사이로 은은하고 포근한 미소를 보내고 있었다. 밤[夜] 냄새가 달콤한 것이 달빛에 온몸을 맡기고 싶어졌다. 마당 앞뜰을 거닐었다. 그런데 달빛 사이로 우리 숙소 바로 옆에 수도가 보이는 게 아닌가. 네모난 시멘트 바닥에 막대처럼 서 있는 수도를 발견한 것이다. 아! 이젠 씻을 수 있다. 수도 옆에는 고무다라도 보였다. 세숫대야로 쓰기엔 너무 크고 몸을 담그기엔 너무 작았다. 그러나 모두 나와서 급한 대로 물을 받아 양치질하고 세수를 하고 야단들이었다. 바가지도 없어서 고무

호스로 차례차례 세수했다. 사랑채에선 남자 문우들의 호탕한 웃음 소리가 밤공기를 흔들어댔다. 술 파티가 한창인 모양이었다. 휘영청 밝은 달빛은 소나무가 가려 주어 몸을 씻기엔 안성맞춤이었다. 보름달이 구름 사이로 목욕하는 선녀를 훔쳐보는 나무꾼처럼 숨었다 나왔다 숨바꼭질을 했다. 몸을 담글 만한 연못도 없는데 한 여인이 그만 선녀가 되고 말았다. 찍어 바르듯 씻는 세수는 성에 안 찬 모양이었다. 시원스레 물을 끼얹으며 허위허위 목욕을 하더니 옷도 걸치지 않은 채 마루 위로 훌쩍 뛰어올랐다. 나무꾼(?)은 날개옷도 안 가져가고 어디서 무엇을 하고 있었을까? 여섯 선녀만 남아 한바탕 웃어젖히며 소란을 피우는데 갑자기 옆집에서 할머니 한 분이 튀어나오며

"한밤중에 잠도 못 자게 뭣들 하는 거여?"

하며 호통을 쳤다. 옆집이 살림집일 줄 누가 생각이나 했겠는가. 혼쭐이 나면서도 킥킥대고 웃는 모습들은 어린아이들과 다를 바 없었다. 구름을 벗어던진 보름달이 휘영청 툇마루를 밝게 비췄다. 10년만 젊었어도 그 툇마루에 걸터앉아 밤새 이야기꽃을 피웠으련만, 벅찬 하루 일정의 고단함은 어쩔 수 없이 꿈나라로 빠져들게 했다.

아침이 될 때까지 화장실 가는 일이 없길 바랐지만 초조한 맘은 기어코 한밤중에 화장실을 가게 하였다. 사위는 고요한데 보름달은 대낮같이 환하였다. 50여 미터나 되는 낯선 선교장 뜰을 오밤중에 혼자서 걷는다는 일은 그다지 기분 좋은 일은 아니었다. 풀벌레 소리조차 듣지 못했음은 내가 얼마나 긴장하며 걸었는지를 잘 말해준

다. 아무도 없는 화장실에 살그머니 들어서자 갑자기 음악이 흘러나왔다. 온몸이 바짝 오그라들고 머리카락이 모두 하늘로 쭈뼛 솟구치는 듯했다. 하마터면 소리를 지르고 그 자리에 주저앉을 뻔했다. 후유! 화장실에 들어서면 작동하는 센서 음악이 이리도 나를 놀라게 할 줄이야. 애써 침착성을 잃지 않으려고 노력했다. 문명의 발전 덕에 현관이나 이층 계단 같은 곳에 센서로 전깃불이 켜지고 꺼져서 편리하긴 하다. 그러나 한밤중에 울려 퍼지는 화장실의 음향효과는 없어도 좋을 것 같았다.

이튿날 아침 누군가가,

"화장실이 여기 있었네. 샤워시설도 있어."

하고 소리쳤다. 우리가 묵었던 초가집에 자물쇠로 굳게 닫혀 있던 그 방이었다. 자물쇠보다 더 큰 문고리를 벗겨 내니 그 문이 열렸던 것이다. 그러면 그렇지. 숙박시설에 화장실과 샤워시설을 안 해 놓을 수 없지. 도대체 그토록 큰 자물쇠는 왜 걸어 놓았을까?

자물쇠는 입장이나 허용을 금하는 물건이다. 대문에 채워져 있으면 그 집에 들어가지 말라는 이야기다. 작은 서랍에 열쇠가 걸려 있어도 서랍을 열 수 없다. 하물며 방문을 채워둔 그 자물쇠를 순진한 우리 문우들이 어떻게 열고 들어갈 수 있었겠는가. 방 문지방 위에 '화장실'이란 안내판 하나만 걸어 놓았어도 선녀의 소동이나 한밤중 공중화장실까지 다녀오는 수고도 없었으리라. 뭐든 해서는 안 된다고 접지 말고 자세히 살펴보며, 하는 방법을 찾는 도전 정신도 필요할 것 같다.

사람이 마음을 닫는 것도 자물쇠가 있어서일까? 남에게 상처를 받으면 이해나 용서보다는 분노가 쌓인다. 세상의 모든 것이 밉고 괴로워서 마음을 꽁꽁 닫고 굳게 채워버리는 것이 마음의 자물쇠일 것이다. 가장 어렵고 힘든 것이 사람의 마음을 닫아버린 자물쇠가 아닐까? 굳게 닫힌 그 마음을 열고 화해하는 방법을 찾아내기란 무척 어려운 일이다. 열쇠로 쉬이 열리지 않는 마음이라면, 문고리보다 더 큰 용서의 굴레를 만들어 그 자물쇠를 벗겨내야 할 것 같다. 오해란 사소한 일에서부터 시작되는 법, 실타래를 풀 듯 한 올씩 풀다 보면 풀리지 않는 오해는 없으리라.

아침을 여는 뻐꾸기의 울음소리가 청아하다. 싸한 아침 공기가 상쾌하게 온몸을 감싸 안는다. 어젯밤 일곱 선녀의 소동은 아무도 모르겠지?

(2011. 10. 18.)

아, 대견사여

얼마 만에 가보는 대구인가! 가슴 가득 설렘을 안고 달려가는 새벽 공기는 달콤하고 상큼했다. ○○여성단체가 해마다 전주와 대구를 오가며 갖는 동서화합의 모임에 참석하러 가는 길이다.

대구는 남편의 첫 발령지로서 우리 가족이 맨 처음 우리만의 공간에서 가정을 꾸렸던 곳이다. 전라도 사람이 경상도에서 살기란 어려울 것이라는 우려는 기우에 불과했다. 이웃 사람들이 우리에게 베풀어준 따뜻한 인정은, 대구를 언제나 다시 가고 싶은 곳으로 기억나게 했다.

3시간 만에 달성군청에 도착했다. 두 지역 발전을 위한 여성단체

행사를 마친 뒤 달성군 유가면 유가사로 향했다. 유가사는 유서 깊은 천 년 고찰로 대한불교조계종 동화사의 말사末寺다. 천연기념물 435호로 지정된 *암괴류岩塊流가 산사태가 난 것처럼 널려 있다. 절 입구부터 늘어선 방방한 원뿔 모양의 돌탑들이 마치 진안 마이산의 탑사를 연상하게 했다. 유가사는 신라 혜공왕 때 창건했다는 설說과 흥덕왕 2년에 *도선국사가 창건했다는 설이 있으나 확실치는 않다.

15기의 부도浮屠는 이곳이 큰스님들이 수행한 훌륭한 사찰이라는 것을 말해주고 있었다. 산봉우리들이 마치 병풍처럼 절을 감싸고 있는데, 신선이 비파와 거문고를 연주하는 모습과 같다 하여 '비슬산'이라고 한다.

비슬산에는 보당암 · 묘문암 · 무주암, 인흥사와 용천사가 있다. 일연 스님이 22년간 이곳 비슬산에서 『삼국유사』를 집필했단다. 비슬산 정상 가까이 이어진 길은 임도林道처럼 좁았다. 무척 가팔라서 일반 버스나 승용차는 갈 수 없었다. 대부분 걸어서 등산한다는데 우린 달성군청의 배려로 소형 봉고차에 나눠 타고 정상을 향해 대견사까지 올라갔다. 우연한 등산은 행운이라고나 할까? 하지만 치마를 입고 구두까지 신은 내 모습은 전혀 어울리지 않는 차림새여서 어색했다.

대견사大見寺에 도착하니 스님바위가 합장하며 우릴 반겼다. 9세기경 신라의 현덕 왕이 대견사를 창건했을 땐 무궁한 나라의 발전을 염원했으리라. 당나라 문종이 세숫대야에 비친 아름다운 신라의 절을 보고. 대국에서 바라본 절이라 하여 '대견사'라는 이름을 지어

신라에 보냈다는 전설이 있다. 아름다웠다고 하니 좋았다. 그러나 당나라로터 절 이름까지 하사받았던 조상의 처지가 마음 아팠다.

세상에 이럴 수가! 요괴 같은 왜구들은 해발 1,000m도 아랑곳하지 않고 이 산까지 기어 올라와서 모조리 불태웠단 말인가? 대견사가 일본의 대마도를 바라보며 일본의 기氣를 끌어들이는 형국이라 하여 망가뜨렸다고 한다. 그때 이 대견사의 부처님은 어디로 가져갔을까? 임진왜란의 깊은 상처를 말해주려는지, 죄인처럼 서 있는 삼층석탑이 너무도 쓸쓸해 보였다. 그것도 왜놈들이 무너뜨려 흩어져 있던 것을 1988년에 달성군이 복원했다지 않는가. 두 발을 동동 구르며 고함이라도 치고 싶었다. 아직도 동북공정에 혈안이 된 중국 사람들과 독도가 저희 땅이라고 우겨대는 일본 사람들을 정녕 이대로 보고만 있을 것인가?

휘청거리는 발걸음으로 경내를 돌아보는데 과연 당나라 문종이 반할 만큼 아름다운 천혜의 자연경관이었다. 나 스스로 저 계곡을 한 발자국씩 밟고 올라왔다면 좋았을 텐데……. 스쳐 가는 그 숲 속에서 무엇이 자라며 무엇이 살고 있는지? 흘러내리는 물을 닮았다는 암괴류의 모습은 어떠했을까? 잎새 뒤로 숨어 핀 수줍은 들꽃들은 얼마나 많았을까?

우리 인생도 그런 것 같다. 부모를 잘 만나 좋은 환경에서 근심 걱정 없이 자라다가 쉽게 정상에 오르는 사람들이 많다. 그들이 산 속에 피어 있는 야생화처럼 외로운 서민의 심정을 이해할 수 있을까? 앙증맞은 다람쥐와의 눈 맞춤에 바르르 떨리는 희열을 알기나 할는지……. *잔 다리 밟는 서민들의 삶을 유치하다고 비웃지나 않을지 모르겠다. 그런 사람들에게 말하고 싶다. 나처럼 만나보지도 않은 산세山勢를 추측만 하지 말고 아래에서부터 천천히 올라오며 보라고. 그래야만 하늘의 푸름도 느낄 수 있고 재잘거리는 산골짜기 물소리도 들을 수 있을 게 아닌가? 운이 좋으면 천년송千年松 아래에서 도인들의 조언도 들을지 누가 아는가. 산길에서 예쁜 돌을 줍듯 인재도 발굴하고, 저 산 굽이를 돌아 멋진 바위에 올라가는 방법도 연구하면 훌륭한 지도자가 되지 않을까? 그래야만 곁에서 발을 구르며 취직 걱정에 애태우는 젊은이들에게 위로와 희망도 줄 수 있을 것 같다. 어쨌든 온 국민이 합심하여 나라의 힘을 기르고 볼 일이다.

정상에 오르니 때마침 시원한 바람이 불어왔다. 마음의 상처를 어루만져주듯 바위마당과 한데 어우러진 억새들이 은빛 물결로 출렁거렸다. 이 가을이 지나고 겨울을 건너면, 새로운 희망을 안고 또 다른 봄이 찾아오겠지. 진달래꽃이 비슬산을 붉게 물들일 때 '참꽃축제'에 참가한 관광객들은 환희의 노래를 목청껏 부르리라. 내일의 대한민국도 새봄 같은 희망의 꽃을 피우지 않겠는가!

* 암괴류(岩塊流): 바위와 흙덩이가 흐른다는 뜻. 돌이 이룬 강이라 하여 돌 강이라고도 부른다. 비슬산 암괴류는 빙하기 후대에 형성된 것으로 길이가 약 2Km이며 사면 경사는 15도이고 세계에서 가장 큰 규모이다.
* 도선국사: 신라 고승으로 유가사를 창건했다는 설도 있으며 시공을 초월한 도력을 갖고 있다고 『삼국유사』 피은(避隱) 편에 전해오고 있다.

* 잔 다리 밟는: 지위가 낮은 데서부터 차차 오르는
* 참꽃: 꽃을 먹을 수 있고 약에도 쓸 수 있어서 참꽃이라고도 부른다. 꽃 색깔이 붉은 것이 두견새가 밤새 울어대 피를 토한 것이라는 전설 때문에 두견화(杜鵑花)라고도 한다.

※ 대견사: 수많은 세월 동안 역경의 역사를 보낸 대견사는 임진왜란 때 불타 없어졌다. 그동안 달성 군청의 노력으로 2013년 3월 1일부터 2014년 3월 1일까지 복원하여 100년 만에 옛 모습을 다시 찾았다. 부처님의 진신사리를 모시고 있으며 대견보궁(大見寶宮), 선당, 산신각, 요사채를 포함한 4개동이 복원되었다.

(2010. 10. 29.)

■ 작품해설

바느질하듯, 그림 그리듯, 촘촘히 수필을 짜는 수필가, 양영아

— 양영아 첫 수필집 『슴베』 출간에 부쳐

김 학

(수필가, 전북대학교 평생교육원 수필창작 전담교수)

1. 양영아와 수필의 만남

여류 수필가 양영아, 그녀는 춘향골 남원에서 태어났지만 다섯 살 때부터는 오수와 임실에서 살았다. 초등학교 5학년 때 전주로 이사하여 전주교육대학을 졸업할 때까지는 쭉 전주에서 살았다. 교육자이신 아버지의 전근 때마다 자주 이사를 했던 까닭이다.

양영아는 중등학교 교장이셨던 아버지 양준석과 어머니 조효훈의 9남매 중 일곱째로 태어났다. 그러나 딸로서는 선도 보지 않고 데려간다는 셋째 딸이었다.

다복한 가정에서 태어난 그녀는 어려서부터 온순하고 내성적인 성품이었다. 학창 시절에도 누구와 다투어 본 적이 없었고, 부모에게 순종하며, 형제자매 간에도 우애하는 얌전이요, 순둥이였다. 집에서나 학교에서나 늘 모범생이었다.

가톨릭계 학교인 성심여고 재학 중 교지 『옥잠화』 편집위원으로 활동하면서 문학소녀로서의 꿈을 키웠다고 한다. 그것이 밑거름이 되어 마침내 수필가로 등단하여 꿈을 이루었고, 한국문단에 당당히 얼굴을 내밀게 되었다.

전주교육대학교를 졸업한 양영아는 순창 인계초등학교로 첫 발령을 받았고, 그 뒤 36년 4개월 동안 여러 학교를 옮겨 다니며 초등학교 교사로 근무했다. 결혼한 뒤 한때 사표를 내고 남편 따라 서울에서 전업주부생활을 한 적도 있다. 그러다가 서울에서 복직시험에 합격하여 다시 교사생활을 계속했고, 40대 이후에는 아이들에게 고향을 심어주어야 한다는 남편의 뜻에 따라 전주로 돌아와 교단에 섰다가 퇴직하고, 지금은 완주군 구이면 항가리에 전원주택을 마련하여 살고 있다.

그녀는 겉으로는 유순해 뵈지만 누구도 꺾을 수 없는 고집이 있었다. 그녀의 결혼은 어머니와의 밀고 당기는 힘든 실랑이 끝에 양영아의 고집이 승리한 싸움이었다. 어머니가, 6년 동안이나 사귀어 온 지금의 남편 윤흥진과의 결혼을 반대했지만, 끝내 어머니를 설득하여 결혼에 골인했던 것이다. 외유내강의 당찬 여성이라고나 할까?

남편 윤흥진은 아버지 윤점동과 어머니 오순례의 5남매 중 셋째